인디오의 변덕스러운 혼

The Inconstancy of the Indian Soul
: The Encounter of Catholics and Cannibals in 16th-century Brazil
by Eduardo Viveiros de Castro

Copyright © 2011 Eduardo Viveiros de Castro
All rights reserved.
This Korean edition was published by Podobat Publishing Company in 2022
by arrangement with Prickly Paradigm Press LLC, Chicago, Illinois, U.S.A.
through KCC(Korea Copyright Center Inc.), Seoul.

이 책은 (주)한국저작권센터(KCC)를 통한 저작권자와의 독점계약으로
포도밭출판사에서 출간되었습니다. 저작권법에 의해 한국 내에서 보호를 받는
저작물이므로 무단전재와 복제를 금합니다.

인디오의 변덕스러운 혼

16세기 브라질에서 가톨릭과 식인의 만남
에두아르두 비베이루스 지 카스트루 지음 | 존재론의 자루 옮김

The Inconstancy
of the Indian Soul

차례

	감사의 글	7
1부	16세기 브라질에서 불신앙의 문제	9
	종교체계로서의 문화	24
	지옥과 영광에 대하여	32
	낙원에 있는 구분	40
	믿음의 어려움에 관하여	55
2부	투피남바는 어떻게 전쟁에 패했는가?	75
	시간을 이야기하다	90
	오래된 법	102
	기억의 즙	114
	완강한 식인자들	122
	변덕스러움을 예찬하며	137
	미주	142
	대담 '엑스트라 모던'의 형이상학	155
	옮긴이 후기 아마존에서 퍼 올린 21세기의 인간학	213
	참고문헌	234
	찾아보기	241

일러두기

- 이 글은 *The Inconstancy of the Indian Soul: The Encounter of Catholic and Cannibals in 16th-century Brazil*. (Gregory Duff Morton, trans.) Chicago: Prickly Paradigm Press, 2011의 번역본이다.
- 포르투갈어판은 1992년 논문으로 처음 발표되었고, 서지사항은 다음과 같다. "O mármore e a murta: sobre a inconstância da alma selvagem." *Revista de Antropologia*. São Paulo, 35: 21-74, 1992.
- 프랑스어판은 1993년 발표되었고, 서지사항은 다음과 같다. "Le marbre et le myrte: De l'inconstance de l'âme sauvage." *Mémoire de la tradition*. (Becquelin, Aurore and Antoinette Molinié, dir.) Nanterre: Société d'ethnologie, pp. 365-431, 1993.
- 저자는 1992년 출간한 포르투갈어판을 2010년에 수정했으나 간행되지는 않았다. 영어판은 2010년의 미간행 저자 수정판을 영역한 것이다.
- 이 글은 2002년 저자의 논문 모음집에 수록되었고, 2017년 신판이 재발행되었다. 각각의 서지사항은 다음과 같다. "O mármore e a murta: sobre a inconstância da alma selvagem." *A Inconstância da Alma Selvagem*. São Paulo: Cosac Naify, pp. 183-264. 2002; São Paulo: Ubu Editora, pp. 168-238, 2017.
- 한국어판 원고는 2019년 10월부터 2020년 12월까지 〈존재론의 자루〉가 집단 번역한 결과이다. 원서는 2011년 영어판을 기본으로 하되, 1992년 포르투갈어판, 1993년 프랑스어, 2015년 일본어판, 2017년 포르투갈어 신판을 참조했다.
- 미주는 지은이가 작성했다.
- 각주 중 [영역자]로 표기된 각주는 영어판 옮긴이가 작성했다. 별도 표기 없는 각주는 모두 한국어판 옮긴이가 작성했다.

감사의 글

마르시오 골드만(Marcio Goldman), 타니아 스톨지 리마(Tânia Stolze Lima), 카를루스 파우스투(Carlos Fausto)와의 논의 덕분에 최종본이 나올 수 있었다. 특히 오래전 일이지만 마누엘라 카르네이루 다 쿠냐(Manuela Carneiro da Cunha)와의 공동작업(Carneiro da Cunha & Viveiros de Castro 1985)을 통해 논고의 상당 부분을 진척시킬 수 있었다. 이들에게 감사의 말을 전한다.

 이 글이 완성되기까지 오로르 베클랭(Aurore Becquelin)과 앙투아네트 몰리니에(Antoinette Molinié)의 관대한 고집이 있었다. 이들은 논집 『전통의 기억 *Mémoire de la tradition*』(Becquelin & Molinié, dir. 1993)의 기획자로서 나를 끝까지 기다려주었고, 오로르는 논집 출간을 위한 번역까지 맡아주었다.

1부
16세기 브라질에서 불신앙의 문제

『성령말씀 Sermão do Espírito Santo』(1657) 내 감명 깊은 한 장에서 이베로아메리카 바로크*의 가장 중요한 인물 중 하나인 예수회 수사 안토니우 비에이라(António Vieira)**는 다음과

* 이베로아메리카(Ibero-America)는 아메리카 대륙에서 스페인과 포르투갈의 식민 지배를 받은 나라들을 가리킨다. 브라질에서 바로크주의는 벤토 테이세이라(Bento Teixeira)의 서사시인 「의인법 Prosopéia」(1601)에서 시작되었고, 18세기 중반 이후 브라질 예술 활동의 주요 이념으로 자리 잡았다. 이렇게 된 데에는 예수회 수사들이 대조법이나 은유 등으로 이뤄진 바로크적 문제를 교리시에 사용한 것이 크다.
** 안토니우 비에이라(1608~1697)는 포르투갈 리스본에서 태어났고, 1614년 가족과 함께 브라질로 이주하여 예수회 대학에서 교육을 받은 후 예수회 수사가 되었다. 1640년 주앙 4세가 포르투갈 국왕에 즉위한 후 왕실 부설교사에 취임하였다. 인디오 해방을 위해 힘쓴 그의 전적으로 인해 예수회 수사들과 식민통치자들 사이에 갈등이 생겼고, 1661년 비에이라를 비롯한 예수회 수사들이 브라질에서 추방당해 포르투갈 본국으로 송환되었다. 비에이라는 포르투갈 본국에서 이단심문소에 제소당하자 로마로 피신하여 명예회복을 꾀하였다. 결국 그는 대질심문관 관할에서 면제되었고 1681년 1월 브라질로 되돌아갔다.

같이 적어 놓았다.

세계를 여행하다 제후의 별궁에 발을 들여놓은 그대는
그곳 잔디밭 정원 오솔길에서 전혀 다른 두 개의 조각, 즉
대리석 조각과 은매화(銀梅花) 조경수를 보게 될 것이다.
대리석 조각은 소재의 경도와 저항 탓에 제작하기가 매우
힘들다. 그러나 한번 만들어 놓으면 다시 매만질 필요가
없다. 대리석 조각은 언제나 같은 모습을 유지한다.
은매화 조각은 가지를 쉽게 구부릴 수 있어서 모양내기가
쉽지만, 그것을 유지하기 위해서는 늘 매만져주어야
한다. 정원사가 조금만 방심하면 나흘도 못가서 가지가
조각의 눈에서 튀어나오고 또 다른 가지가 귀의 모양을
헝클고 두 개의 가지가 다섯 손가락을 일곱 손가락으로
바꾸고 조금 전 인간이었던 것이 녹색의 은매화 귀신이
되고 만다. 바로 이것이 신앙의 가르침에서 일부 민족이
다른 민족과 다른 점이다. 일부 민족은 태생적으로
굳건하고 참을성이 있고 일관되다. 또 그들은 신앙을 잘
받아들이지 못하고, 선조에게서 이어받은 잘못된 것들을
버리지 못한다. 그래서 그들은 무기를 들고 저항하며
자신의 지성을 가지고 의심하고 자신의 의지로 거절하며
폐쇄적이고 두려워하고 논쟁하고 반대하며 엄청난
노력을 허비한 후에야 굴복한다. 그러나 한번 굴복해서
신앙을 수용하면 그들은 신앙에 대해 지고지순하다.
마치 대리석 조각처럼. 이제 그들에게 다시 무엇을
할 필요는 없다. 이와 대조적으로 다른 민족─브라질

민족과 같은—은 배운 모든 것에 대체로 순종하고 관대하게 수용하며 논쟁도 반론도 의심도 저항도 하지 않는다. 그러나 이자들은 은매화 조각이다. 즉 정원사가 손과 가위로 매만져주지 않으면, 새로워진 모습을 곧 잃어버리고 자연의 옛 야수의 모습으로 되돌아가 일찍이 그랬던 것처럼 덤불숲이 되고 만다. 이자들을 가르치고 이끄는 이는 이자들을 매 순간 신경 써야 한다. 어느 때에는 이자들이 눈에 보이지 않는 것을 믿도록 그 눈에 들어찬 것들을 걷어내어야 하고, 어느 때에는 선조들의 옛이야기에 귀를 기울이지 않도록 그 귀에 들어찬 것들을 들어내어야 한다. 또 어느 때에는 이교도의 야만적인 행동이나 습성을 끊어내도록 그 발밑에 무성하게 난 것들을 잘라버려야 한다. 이처럼 근본 본성이나 뿌리 깊은 기질을 거슬러서 항상 매만져주어야만, 이 거친 식물을 자연적이지 않은 모습으로 유지할 수 있고 가지를 가지런하게 보존할 수 있다.

페르난두 페소아(Fernando Pessoa)*가 '포르투갈어의 황제'라고 부른 윗글의 저자는 인디오에 관한 예수회 문헌의 유서 깊은 주제를 유려하게 써 내려간다. 이 테마는 1549년 브라질에서의 예수회 활동 초창기에 이미 나타난 것으로 다음의 한 문장으로 요약된다. 이 땅의 원주민들은

---

*   페르난두 페소아(1888~1935)는 포르투갈의 시인, 작가, 문학 평론가, 번역가, 철학자이다.

괘씸할 정도로 개종시키기 어렵다. 그들의 내성이 가공하기 어려운 소재여서가 아니다. 그와 반대로 그들은 새로운 모습을 갈망하지만, 그 새로운 모습의 사라지지 않는 각인을 받아들이지 못하는 것 같다. 어떤 모습이라도 수용할 수 있지만 하나의 모습을 유지할 수 없는 사람들. 은매화 조각보다 덜 유럽적인 직유를 들자면, 인디오는 마치 그들을 에워싼 숲처럼 경작에 의해 위태롭게 정복된 공간을 언제라도 뒤엎을 준비가 되어있었다. 이 민족은 그들이 사는 대지와 같았고 그 비옥함은 사람의 눈을 속였다. 이곳은 어떤 식물도 뿌리내릴 수 있을 것처럼 보이지만, 싹을 틔우는 것처럼 보이는 것도 잠시 후 잡초에 덮이고 만다. 신앙도 없고 법도 없고 왕도 없는* 이 민족에게는 복음(Gospel)이 뿌리내릴 수 있는 심리적, 제도적 토양이 없는 듯했다.[1]

    선교사들은 구세계 이교도들 가운데 자기들이 극복해야 할 저항이 무엇인지 알고 있었다. 우상과 성직자, 예배와 신학, 즉 자기 것이라고 할만한 배타적인 것은 거의 없으면서도 그 이름에 가치를 두는 종교 말이다. 이에 반해 브라질에서는 한쪽 귀로는 신의 말을 열심히 받아들이고 다른 한쪽 귀로는 무심하게 흘려보냈다. 여기서 선교사들이 싸워야 할 적은 다른 교의가 아니라 교의에 대한 무관심, 선택의 거부였다.

---

*   [영역자] "신앙도 없고 법도 없고 왕도 없는"의 포르투갈어는 "sem fé, sem lei, sem rei"인데, 보시다시피 같은 음운이 반복되어 리듬감을 준다. 그리고 이 구절은 식민지 시대에 브라질 해안 원주민의 언어상태를 보여주기 위해 일반적으로 사용되는 짧은 구문이었다. 이들의 언어는 포르투갈어의 3개 음소, 즉 /f/, /l/, /r/을 구분하지 못했다.

변덕, 무관심, 망각. "이 땅의 사람들은 전 세계의 모든 민족 중에서 가장 야수 같고 가장 은혜를 모르며 가장 변덕스럽고 가장 비뚤어져 있고 가장 가르치기 어려운 자들이다"라고, 그들에게 환멸을 느낀 비에이라는 그처럼 도발적인 단어들을 늘어놓았다. 그리스도가 브라질 선교를 위해 성 토마스를 지명한 것도 그 때문이었다.* 의심 많은 사도에게 어울리는 벌, 그것은 신앙을 심을 수 없는 자들—혹은 결국은 같은 말인데 모든 것을 믿을 수 있는 자들—에게 신앙을 전하는 것이었다. "다른 이교도들은 믿기 전까지 믿음이 없다. 그러나 브라질 사람들은 믿게 된 후에도 믿음이 없다"(Vieira 1657: 216).[2]

"야만인은 변덕스러운 자다."** 아메리카 원주민의 변덕스러움이라는 테마는 선교사의 선교 담론 안팎으로, 또 그에 정확히 들어맞는 최초 사례인 해안 지역의 투피남바(Tupinambá) 족을 훨씬 뛰어넘어 광범위하게 확산하는 데에 성공했다.[3] 브라질 예수회 역사가인 세라핑 레이치(Serafim Leite)***는 초기 선교사의 견해에 기초하여 '의지의 결여'와 '감정의 피상'이 인디오 개종의 가장 큰 걸림돌이었음을 밝혀내었다. 다만 그는 세속인의 견해도 참고했는데, 그 속에는 예수회와 관련이 없는 이들도 있었다.

* 예수 그리스도의 열두 제자 중 가장 의심 많은 성 토마스가 인도와 브라질에까지 복음을 전했다는 가톨릭에서의 전승을 인용한 것이다.
** 이 구절의 원문은 "*Il selvaggio è mobile*"이다. 이것은 오페라 〈리골레토〉의 "여자는 변덕스럽다(*La donna è mobile*)"는 구절을 변용한 것이다.
*** 세라핑 레이치(1890~1969)는 포르투갈 태생의 예수회 수사이자 역사가이다.

가브리엘 소아르스 드 소자(Gabriel Soares de Souza)*,
알렉산드르 호드리게스 페헤이라(Alexandre Rodrigues
Ferreira)**, 카피스트라누 지 아브레우(Capistrano de
Abreu)***가 그들이며, 그들은 모두 야생의 혼에 정해진 형태가
없음을 지적했다(Leite 1938: 7-11).[4] 결정적인 문구가 된 이
변덕스러움은 신앙에 관한 것만이 아니었다. 사실상 이것은
아메리카 원주민을 규정하는 특질이 되었고, 국민성에 관한
상상력에서 하나의 고정관념으로 자리잡았다. 반만 개종한

* 가브리엘 소아르스 드 소자(1540~1591)는 포르투갈의 탐험가이자 박물학자이다. 그는 아프리카 탐험 후에 브라질의 포르투갈 식민지인 바이아(Bahia)에 정착해서 17년을 살았다. 1587년에 『브라질의 기술 논문 *Tratado Descritivo do Brasil*』을 출간했다. 그는 이 책에서 브라질의 식생을 설명했고 특히 담배와 목화 등의 상업성 식물을 소개했다.
** 알렉산드르 호드리게스 페헤이라(1756~1815)는 포르투갈의 박물학자이다. 그는 바이아의 행정수도인 살바도르에서 포르투갈 상인 집안에서 태어났고, 코임브라 대학교(Coimbra University)에서 법학과 자연철학과 수학을 공부했으며, 1779년에 박사 학위를 취득했다. 그는 포르투갈 왕립 과학 아카데미의 회원으로서 1783년부터 10여 년간 아마존 유역을 비롯한 브라질의 중북부 지역을 탐사했다. 그는 브라질의 동식물 등의 생태환경과 토착 공동체와 전통적 관습을 집중적으로 조사했다. 그의 탐험과 조사는 식민지 시대에 브라질에서 가장 중요한 '발견'으로 평가된다. 조사일지는 1887년 『철학적 여행 일지 *Diário da Viagem Filosófica*』라는 이름으로 발간되었다.
*** 주앙 카피스트라누 지 아브레우(1853~1927)는 브라질의 역사학자이다. 그는 브라질의 북동부 해안가에 위치한 마랑가페(Maranguape)에서 태어났고, 평생을 식민지 브라질의 역사 연구에 바쳤다. 그의 수많은 역사서, 그중에서도 1907년 출간한 『식민지 역사의 장들 *Capítulos de História Colonial*』은 브라질 역사가들이 참고하는 주요문헌 중 하나이다.

인디오는 기회 있을 때마다 악마에게 신, 괭이, 옷가지를 갖다 바치고 행복해하면서 정글로 돌아가는, 치유 불가능한 원시성의 죄수다. 변덕스러움이야말로 야생 방정식에서 하나의 상수다.

부가 설명

변덕스러운 야만인이라는 이미지는 위대하고 반동적인 역사학자이며 브라질 역사학의 아버지인 파른하겐(Francisco Adolfo de Varnhagen)* 이래 브라질의 역사 기술에서 두드러지게 나타난다. "그들은 거짓말쟁이인 데다 신의가 없다. 즉 변덕스럽고 은혜를 모른다…"(Varnhagen 1854: 51). 잘 알려진 것처럼 아프리카 노동력의 유입은 인디오가 사탕수수 플랜테이션 노동을 감당할 수 없다는 점에서 종종 정당화되었다(Freyre 1933: 316-18). 질베르투 프레이리(Gilberto Freyre)**의 인류주의 인류학은

---

* 프란시스쿠 아돌푸 지 파른하겐(1816~1878)은 리우데자네이루에서 태어난 독일계 2세로서 리스본에서 정치학과 프랑스어 등을 공부했다. 1840년 브라질로 돌아와 1841년부터 브라질 역사지리연구소에서 일했고, 1844년 브라질 시민권을 얻었다. 이후 외교관의 역할을 수행하면서 일생일대의 역작인 『브라질 역사 서설 História Geral do Brasil』(1854~1857)을 저술한다. 이 책은 1492년 콜럼버스의 '신대륙 발견' 이후 1822년 포르투갈로부터 독립하기까지 약 3백 년의 브라질 역사를 개괄적으로 다뤘다.

** 질베르투 프레이리(1900~1987)는 브라질에서 태어난 저술가이자 사회학자, 인류학자이다. 브라질에서 태어나 중등교육을 이수한 후 미국으로 건너가 베일러 대학(Baylor University)을 졸업하였고, 콜롬비아 대학 석사과정 중에 프란츠 보아스(Franz Boas)를 만나 인류학자로서의 소양을 갖춘다. 1923년

아프리카인의 동물적인 정력과 아메리카 원주민의 식물적인 태만함의 대비에서 중요한 역할을 했다. 그러나 이 두 사람보다 훨씬 더 정치적으로 온당한 저자들도 브라질 인디오의 변덕스러움이라는 측면에서 인디오/아프리카인의 이항대립을 탐구했다. 예를 들어 부아르키 지 올란다(Sérgio Buarque de Holanda)*는 다음과 같이 말한다.

> 이 땅의 원주민은 사탕수수밭 운영에 필요한 세심하고 체계적인 노동에 […] 쉽게 순응할 수 없었다. 그들의 타고난 성향은 한곳에 머물며 하는 활동과 맞지 않았다. 그들의 활동은 어떤 강제적인 규칙성 없이 수행될뿐더러 낯선 자의 감시와 탐문과도 전혀 어울리지 않았다. 그들은 극단에서 극단으로 자신들을 변통할 수 있었고, 그에 따라 그들에게서 질서, 끈기, 엄밀함 등의 관념, 즉 유럽인에게는 제2의 자연과 같은 것으로서 시민사회의 존립의 근본적인 필요조건이라고 생각되는 관념을 기대할 수 없었다(Buarque de Holanda

---

* 브라질로 돌아와 집필과 사회활동을 병행하며 사회사상가로서 주목할만한 저서를 출간했다. 대표적으로 1933년에 출간한 『대저택과 노예가옥: 브라질에서 가부장제 가족의 형성 *Casa-grande y Senzala: Formação da Família Brasileira sob o Regine da Economia Patriarcal*』은 지금까지 47판에 이를 정도로 브라질 사회에 대한 인류학적 고찰의 고전으로 읽히고 있다. 세르지우 부아르키 지 올란다(1902~1982)는 브라질의 저술가이자 역사가이다. 그는 1925년 리우데자네이루 연방 대학에서 법학 학사학위를 받았고 이후 언론인으로 활약했다. 1945년 민주좌파재단과 작가회의 등에 참여했다. 1962년 상파울루 대학의 초대학장에 임명되었고 1969년 교수직을 은퇴했다.

1936: 43).

　　브라질의 국민성 형성에서 '세 개의 인종'이라는 모티브는 각각의 집단에 특출난 능력을 하나씩 배분하는 경향이 있다. 즉 인디오에게는 지각, 아프리카인에게는 감정, 유럽인에게는 이성이 할당된다. 실제로 이 도식은 종종 진보의 척도가 되는데, 프레이리에서 보이듯이 아리스토텔레스의 학설이 제기한 세 개의 혼을 상기시킨다. 아리스토텔레스와 관련해서 말하자면, 나는 아메리카 원주민의 본성과 조건에 관한 16세기 논쟁의 후원자 격인 아리스토텔레스가 인디오를 둘러싼 식물적인 이미지의 역사에서 어떤 역할을 한 것은 아닌지, 비웃음을 살까 두려우면서도 조심스럽게 의심한다. 이 이미지의 역사는 정확히 신앙에 대한 저들의 변덕스러움 혹은 무관심과 연결된다. 『형이상학』에서 아리스토텔레스는 "모든 일에 자기 의견이 없는 자", 그리고 무엇보다 모순율을 받아들이려 하지 않는 자는 "식물보다 못하다"고 논한다(Aristotle 1006a1-15). 그리하여 이 철학자는 하나의 질문을 제기한다. 만약 이 인물이 "어떤 일도 판단하지 않고 단지 무차별적으로 생각하거나 생각하지 않는다면, 그와 식물 사이에는 어떤 차이가 있겠는가?"(1008b5-10). 주지하다시피 여기서 식물-인간이란 소피스트를 가리키며, 소피스트는 극단적인 상대주의로 인해 마치 투피남바 사람들의 선조처럼 다뤄진다. 마지막으로 『이교도 개종에 대한 대화』의 한 구절을 살펴보자.

　　내가 그들 속에서 발견한 가장 큰 어려움이 무엇인지 아는가? 누구에게도 네! 혹은 분부대로! 라고 아주 쉽게 말한다는 점이다. 그들은 모든 일에 곧바로 찬성하며 그리고 응! 이라고 쉽게 말하는 만큼 아니! 라고 쉽게 말한다…[5] (Nóbrega 1556-57, Leite 1956-58: II, 322에서 재인용).

그렇지만 야생의 혼의 변덕스러운 본성이 아무리 광범위한 개념이라 해도, 그리고 그것의 토대가 된 경험이 아무리 무궁무진하다 해도, 내가 생각하기에 브라질의 경우 그것은 투피계 부족들 사이에서 개종 활동을 펼친 선교사들의 초창기에서 주로 기인한 것으로 간주된다. 신부들이 판단하기에 인디오의 문제는 재빠르고 날카로운 지성 때문에 생기는 것이 아니라 혼의 두 가지 권능 때문에 생긴다. 즉 빈약한 데다가 자주 번복하는 기억과 의지가 문제다.[6] "신에 관한 기억이 극히 부실한 사람들이다"(Pires 1552: I, 323). 이와 마찬가지로 극복해야 할 걸림돌은 적대적인 교의가 아니라 비에이라가 "이교도들의 야만적인 행동과 습성"이라고 서술한 것—식인과 복수를 위한 전쟁, 만취, 일부다처, 벌거벗기, 집권화된 권위와 안정된 영토적 기반의 부재—, 즉 초기 예수회 수사들이 매우 단순하게 '악습(bad habits)'이라고 딱지 붙인 것들이었다. 이를테면, 마누엘 다 노브레가(Manuel da Nóbrega)의 글에서 다음의 구절을 살펴보자. 이 구절은 필시 대리석과 은매화라는 비유적인 표현을 떠올리게 한 원천 중 하나일 것이다.

이 이교도들에게는 초기 교회에 대적한 이교도들의

품격이 없다. 후자는 자신들이 믿는 우상을 거스르는 설교자를 즉시 잔학하게 살해하거나 그러지 않으면 설교자의 복음을 믿었다. 따라서 이자들은 그리스도를 위해 죽을 준비를 할 수 있었다. 그러나 전자의 이교도들은 그렇게 목숨을 버릴 정도의 우상도 가지고 있지 않기 때문에 믿으라고 하는 것은 무엇이라도 믿는다. 그들에게 유일한 어려움은 악습을 버리는 것이다. […] 그래서 그들과 오랫동안 같이 살고 […] 아이들과 함께 생활하며 아이들이 어렸을 때부터 교의와 좋은 습관을 익히게 할 필요가 있다…[7] (Nóbrega 1553: I, 452).

복자(福者, Blessed) 안시에타(José de Anchieta)*는 '브라질의 사도'로서 단적으로 그리고 정확하게 그 족쇄를 열거한다.

인디오를 개종시켜서 기독교도의 생활을 영위하게 하는 데에 저해되는 장애는 그들의 뿌리 깊은 관습에 있다. […] 예를 들어 그들은 많은 아내를 거느린다. 또 너무나 자주 술에 취한다. 그리고 다른 무엇보다도 그들 곁에서

---

*   산 호세 데 안시에타(1534~1597)는 스페인의 테네리페 섬(Isla de Tenerife)에서 태어나 1551년에 예수회 수사가 되었고 그로부터 2년 후 브라질로 선교 활동을 떠난다. 피라치닝가(Piratininga, 현 상파울루)에서 성 바울 학원을 창설했다. 그는 브라질에서 초창기 예수회를 이끈 지도자 중 한 사람으로서 언어학과 문학 분야에 많은 업적을 남겼다.

제거할 수 없는 술 […] 나아가 적에 대한 복수를 행하며 그것을 통해 새로운 이름을 획득하고 명예를 얻기 위해 전쟁을 벌인다. 그들은 태어날 때부터 자신의 손으로 어떤 일도 일관되게 수행한 적이 없고, 특히 두려움과 복종을 결여하고 있다…(Anchieta 1584: 333).

이러한 이미지가 밀어붙이는 포교상의 전략은 잘 알려져 있다. 개종을 위해 먼저 문명화하는 것이다. 성과를 내기 위해서는 문명화가 잘 되지 않는 어른의 개종에 힘쓰기보다, 아이들을 태어날 때의 환경으로부터 멀리 떨어진 곳으로 데리고 가 교육하는 일에 힘써야 했다. 단지 복음을 설파하기보다 오히려 인디오의 품행을 끊임없이 교정하는 것이다. 집회, 정주, 복종, 교육. 신앙을 심어주기 위해서는 먼저 원주민에게 법과 왕을 주입하는 것이 필요했다. 개종은 인디오의 인간적인 장애를 식별할 수 있는 인간학(anthropology)에 의거해야 했으며(Pagden 1982: 100-02), 그것은 오늘날 우리가 '사회문화적(sociocultural)'이라고 부르는 인류학의 한 유형이라고 할만한 것이었다.

신세계 발견이 가져온 우주론적인 충격에 대해서, 토마스주의적인 이베리아 인류학에 대해서, 예수회의 개종 활동에 대해서, 그리고 식민지 브라질에서 예수회의 역할에 대해서는 이미 많은 것들이 이야기되었다.[8] 나는 우리 손에 남겨진 이 영역에 더 추가할 것이 없다. 나의 관심은 오직 예수회 수사나 그 외의 관찰자들이 해명한 투피남바 사람들의 '변덕스러움'이라 불린 것뿐이다. 더 적합한 다른 이름이 있을 수 있지만, 그것은 의심할 여지 없이 현실의 어떤 것에 대응하고 있다. 그것은 있음(being)의 양식이 아니라면 나타남(appearing)의 양식, 즉 선교사들의 눈에 비친 투피남바 사회의 양식이다. 우리는 이 양식을 인디오의 이데올로기적 과식증이라는 더 넓은 틀 속에, 달리 말해 그들이 창조주와 혼과 세계에 관한 기독교적 메시지에 귀 기울이고 그것들을 소화해서 흡수할 때의 어떤 강렬하기까지 한 그들 자신의 호기심 속에 위치 지을 필요가 있다. 반복해서 말하면, 예수회 수사들이 화가 난 이유는 '브라질 사람들'이 다른 신앙의 이름으로 복음에 대한 적극적 저항을 해서가 아니라, 오히려 신앙이라는 것 자체에 대해 이 사람들이 복잡다단한 관계를 품고 있었다는 사실 때문이다. 그들은 모든 것을 누리고자 했다. 선교사들이 그들을 거두었다고 생각한 순간, 그들은 거꾸로 '구습이라는 토사물'(Anchieta 1555: II, 194) 속으로 되돌아갔다.

종교체계로서의 문화

총체적이고 배타적인 담론에 열성적이면서도 그것을 매우 선택적으로 수용하는 것, 그리고 이 담론의 과정을 끝까지 따르기를 거부하는 것은 전도와 복종과 자기부정에 몸을 맡기는 자들에게는 수수께끼처럼 보일 수밖에 없었다. 더욱이 이 수수께끼는 우리 인류학자들을 계속 불편하게 만든다. 그러나 일찍이 예수회 수사들을 고뇌에 빠뜨린 것과는 다른 이유에서 그렇다. 첫째로 야생의 변덕스러움이라는 주제는 그것이 창출한 다성적 화음과 더불어 브라질 인디오에 대한 현대적 규율가의 이데올로기 속에서 지금도 공명하고 있다.[9] 둘째로, 더 중요한 점은 변덕스러움이 아메리카 원주민 사회들에서 그들과 함께 생활하면서 겪게 되는 어떤 것과 분명하게 맞닿아있다는 것이다. 이것은 인디오들이 일련의 서구 이데올로기적인 품행과 맺는 관계의 심리적 결뿐만 아니라, 그들 자신에 대한 '진정한' 관념 그리고 제도와 스스로 맺는 관계의 심리적 결을 특징짓는, 무엇이라 정의하기 어려운 어떤 것이다. 특히 후자의 경우는 훨씬 더 분석하기 어렵다. 마지막으로 무엇보다 정의할 수 없는 변덕스러움은 인류학적이든, 상식적으로 통용되든 (이 둘 사이에 차이가 있다고 가정한다면) 문화를 둘러싼 현행의 이해들에 대한, 그리고 문화변용과 사회변화라는 연관주제에 대한 철저한 도전이다. 왜냐하면, 문화에 대한 이해는 믿음과 개종이라는 관념에서 유래하는 패러다임에 전적으로 의존하고 있기 때문이다.

예수회 수사들이 그들만의 방식으로 이해한 것처럼, 기독교에 대한 투피남바 족의 저항이 그들의 종교가 아닌 문화에 기인한다고 말하는 것은 별로 도움이 되지 않는다. 근대인이자 인류학자인 우리는 문화를 신학적인 양식으로서, 말하자면 개개인이 종교적인 방식으로 고수하는 '믿음의 체계'로서 상상하기 때문이다. 기독교성(Christianity)의 인류학적 환원은 우리 학문 분야의 구성에서 매우 결정적인 과업이었다. 이 과업은 문화 개념을 그 개념이 담고자 하는 가치들로 가득 차게 만들었다. "문화체계로서의 종교"(Geertz 1966)는 종교체계로서의 문화라는 관념을 전제한다.[10]

우리는 예수회 수사들이 왜 관습을 자신들의 주적으로 삼았는지를 알고 있다. 제3계급(the third class)*의

---

* 스페인 태생의 예수회 수사 호세 데 아코스타(José de Acosta, 1540~1600)는 서구 이외의 사회들을 '올바른 이성(recta ratio)'과 '관습(consuetudo)'과의 거리에 따라 분류하고자 했고, 그러한 분류의 하나로서 제3계급의 미개인을 상정했다. 그에 따르면, 유럽과 중동은 올바른 이성을 갖추었고 사람다운 생활을 누리는 '제1계급의 사회들'이다. 여기에는 중국, 인도, 일본 등도 포함된다. '제2계급'은 잉카와 아즈텍 등 신대륙의 문명사회를 비롯한

미개인(barbarians)으로서 투피남바 사람들은 정확히 말해 종교는 없고 단지 미신만이 있었기 때문이다.[11] 그러나 우리 근대인들은 이러한 자민족중심주의적인 구분을 받아들이지 않는다. 투피남바 사람들의 '악습'이 그들의 진정한 종교였음을 선교사들이 보지 않았다고, 그들의 변덕스러움은 모든 면에서 '종교적'이라고 부를만한 일련의 믿음을 충실히 따른 결과라고 우리는 말할 것이다. 예수회 수사들은 마치 에밀 뒤르켐(Émile Durkheim)을 읽기라도 한 것처럼, 그러나 뒤르켐을 다소 오해한 것처럼 성스러운 것과 세속적인 것을 철저히 구분했다(Pagden 1982: 78). 우리는 그와 반대로 그런 관습이 왕과 법일 뿐만 아니라 신 그 자체이기도 하다는 것을 알고 있다. 돌이켜보면, 예수회 수사들도 내심 이것을 알았던 것 같다. 그렇지 않았다면 그들은 관습을 개종의 주요한 장애물로 성급하게 규정짓지 않았을 것이다. 지금에 와서 보면 투피남바 족이 악습 이상의 것을 가지고 있었음은 분명하다. 알프레드 메트로(Alfred Métraux) 이래, 인류학자들은 초기

추장제 사회들을 가리킨다. 이 사회들은 정치적, 법적 제도가 갖춰져 있다는 점에서 인간 이성의 몇 가지 요소를 가지고 있고 그래서 복음 전도가 가능하다. 이에 반해 '제3계급'에 해당하는 신대륙의 인디오 사회는 법률이 없고, 행정기관도 통치제도도 없으며, 주거지를 끊임없이 옮겨 다닌다. 이들은 말하자면 '반인간'이다. 그래서 아코스타는 이들이 새로운 기독교적 생활에 역행하고자 한다면 '힘으로 제압하고 압력을 행사하여 복음의 선교를 방해하지 않도록 해야 한다'고 믿었다. (Imburglia, Girolamo. 2014. "The Invention of Savage Society: Amerindian Religion and Society in Acosta's Anthropological Theory." *History of European Ideas*. 40(3): 291-311. 참조)

편찬가들(chronicler)*의 기술 속에서 명백하게 철학적으로 중요한 의의를 갖는 일련의 신화들을 발견해왔다(Métraux 1928). 이와 마찬가지로 주석가들도 이 사회들의 종교적이고 정치적인 생활에서 샤먼과 예언자의 중요성을 인지하고 있다. 이제 우리는 투피남바 족이 그 외의 투피과라니(Tupi-Guarani) 족과 마찬가지로 '악 없는 땅(Land without Evil)'(H. Clastres 1975)이라는 테마가 핵심적인 위치를 차지하는, 인류학적·신학적·우주론적인 '믿음의 체계'를 가지고 있었음을 안다.

부가 설명

예수회 수사들의 '오해'는 교훈으로 작용했다. 오늘날 문화적 질서에 대한 종교적인 이해는 진보파 교회 내부에서 큰 성공을 거두고 있다―이번에는 인디오들에게 유리하게. 토착 사회들은 우리보다 본래의 기독교적 가치에 더 가깝게 독실함을 온몸으로 뿜어낼 것이라는, 그런 사회야말로 실천적 형식의 참된 신의론(神義論)일 것이라는 이미지를 만들어내고 있다. 그리하여 육화(incarnation)라는 기독론적(christological) 이미지를 '문화화(enculturation)'라는 인류학적인 이미지로 대체하면서, 신참 선교사는 개종되어야 하는 자가 인디오가 아니라 자기 자신임을

---

*   여기서 편찬가(chronicler)는 식민지 시대에서 19세기까지 브라질 사회의 풍속을 기록한 저자나 편자를 말한다. 이들의 편찬방식에는 일반적으로 사건의 편년체(연대기) 기술과 풍속의 기록이라는 두 가지 양식이 있었다.

발견한다. 왜냐하면, 어쨌든 누군가는 개종되어야 하기 때문이다.
성서의 신비적 해석을 통해 적절히 승화된 토착 문화는 선함과
아름다움과 진실함의 정수다. 자신이 이끄는 어린 양이 (오스바우지
식의 의미에서) 식인적인 지양(Aufhebung)*의 아주 작은
증상이라도 내비치는 것에 반감을 품는 진보파 선교사의 순진무구한
전통주의가 여기서 생겨난다. 그리고 이런 표현이 허용된다면,
출신 문화를 초월하여 타자를 통해 기적적으로 문화 적응하는 자기
자신의 능력에 대한 선교사의 순진무구한 믿음도 여기서 생겨난다.
적어도 옛 예수회 수사들은 악습을 끊어내는 것이 매우 복잡한
규칙을 가진다는 것을 알고 있었다.

결국 '그들'은 종교를 가지고 있었다. 그러나 이것은
문제 해결을 더욱 어렵게 할 뿐이다. "그들은 우리처럼 되고
싶다고 말한다…", "그들은 우리처럼 기독교도가 되기를
희망한다"(Nóbrega 1549: I, 111-39). 그러니까 왜 야만인들은

---

* [영역자] 브라질의 근대주의 시인이자 개척자인 오스바우지 지 안드라지(Oswald de Andrade, 1890~1954)는 1928년에 그 유명한 『식인종 선언 *Manifesto Antropófago*』을 저술한다. 그는 이 책에서 식민자들이 브라질 원주민들을 소비한 것이 아니라 반대로 브라질 원주민들이 더욱 강력한 통합을 이루기 위하여 식민자가 무엇을 존중하는지를 파악하고 받아들이면서 식민자의 문화를 섭취해왔다고 주장한다. 안드라지의 이 설명은 헤겔의 개념인 지양의 관점으로도 읽힐 수 있다. 모순적으로 보이는 "지양", 즉 한 개념이 다른 개념과 결합하면서 변화와 보존을 동시에 획득하는 변증법적 과정으로 이해할 수 있다는 것이다. 어쨌든 안드라지는 명백히 "비에이라 신부를 반대하는" 선언을 썼다.

우리처럼 되고 싶어 했을까? 만약 그들이 종교를 가지고 있었다면, 그리고 여하간 문화가 믿음의 체계라면, 기독교를 받아들임으로써 자신의 기존 체계를 파괴할 수도 있는 그런 종교와 체계는 무엇인지 궁금할 수 있다. 자기 파괴의 소망을 그 내부에 간직한 종교와 체계란 어떤 종류의 종교였고 어떤 종류의 체계였는지 의문을 가질 수 있다. 변덕스러움을 다른 쪽 끝에서 검토하자면, 왜 투피남바 사람들은 자신의 문화-종교에 대해 변덕스러웠는지 물어야 한다. 비에이라가 투피남바 사람들이 '선조들의 옛이야기'를 듣지 못하게 막는 것이 어렵다고 토로했다지만, 왜 그들은 외부의 선교를 그렇게 열심히 들으려고 한 것일까?[12]

16세기에 의례도 우상도 사제도 없는 투피남바 사람들의 종교는 예수회 수사들의 눈에 수수께끼처럼 비쳤다. 오히려 예수회 수사들은 뭐라 규정하기 힘든 원주민이라는 존재의 견고한 중심을 '문화'라고 보았다. 지금 문제는 이러한 문화가 처음부터 침략자들의 신학과 우주론(cosmology)을 관대하게 받아들인 이유를 설명하는 것이다. 마치 이 생경한 구성물이 (그리고 외부인들 자체가) 아메리카 원주민 문화의 작동방식 어느 틈바구니에 예기(豫期, prefigure)되어 있었던 것처럼 말이다(Lévi-Strauss 1991: 292). 마치 들은 적도 없는 것이 전통 안에 있고, 본 적도 없는 것이 기억에 저장되어있는 것과 같았다(Hugh-Jones 1988: 149). 낯선 자들의 기술적인 우월성을 인식한 데서 오는 전시효과일까? 원주민 신화의 어떤 내용과 침입자 사회의 어떤 측면이 우연히 맞아떨어진 것일까? 이런 가설들은 진실의 골자를 포착하고 있지만,

설명해주기보다는 그 자체로 설명되어야만 한다. 왜냐하면, 이 질문들은 더 근본적인 지향, 즉 아메리카 원주민의 사고가 "타자에게 열려있다"는 특징을 가정하기 때문이다(Lévi-Strauss 1991: 16). 투피남바 사람들의 사례에서 이러한 특징은 매우 광범위하게, 또 강렬하게 나타난다. 여기서 타자란 단순히 사고하기에 좋은 대상이 아니라, 사고하기 위해 필수적인 존재였다.

따라서 문제는 투피남바 사람들이 복음을 받아들이는 태도, 즉 유연함과 완고함, 순종과 불복종, 열광과 무관심이 뒤섞여 있는 이 혼합의 의미를 밝혀내는 것이다. 이는 '빈약한 기억력'과 '의지의 결여'로 보이는 인디오들의 신앙심 없는 믿음 너머를 보려는 것이다. 결국 타자가 되고자 하는, 그러나 자기만의 관점대로 되고자 하는(여기에 미스터리가 있다.) 저 모호한 욕망의 대상을 이해하려는 것이다.

오늘날 우리의 '문화' 관념은 은매화 조각이 아니라 대리석 조각으로 가득한 인류학적 풍경을 투영한다. 마치 바로크풍 정원이라기보다는 고전파 미술관 같다. 모든 사회가 본래의 존재를 유지하려는 경향이 있고 문화는 그 존재의 재귀적 형태로 간주된다. 나아가 이 형태를 해체하거나 변형시키는 데에 폭력적이고 막대한 압력이 필요하다고 믿는다. 무엇보다도 사회의 존재란 그 존속에 있다고 믿는다. 기억과 전통이란 동일성의 대리석이며, 여기서 문화가 만들어진다는 것이다. 그리하여 우리는 사회가 완전히 다른 형태로 탈바꿈하면 그렇게 전통을 잃은 사회는 이전으로 되돌아갈 수 없다고 여긴다. 되감기는 없으며, 이전의 형태는 영원히

훼손되었다. 기껏해야 기대할 수 있는 것은 시뮬라크르의 거짓된 기억으로 만들어진 전시장일 뿐이다. 이곳에서 '민족성(ethnicity)'과 양심의 가책이 멸종된 문화의 잔해를 먹고 자란다.

그러나 사회의 기반(혹은 기반의 부재)이 자기와의 일치가 아니라 타자와의 관계에 있는 사회라면, 이 모든 것은 아무 의미가 없다. 제임스 클리포드는 이렇게 말한다.

> 문화접촉과 문화변동의 이야기는 타자에 의한 흡수 혹은 타자에 대한 저항이라는 만연한 이분법에 의해 구조화되어왔다. [...] 하지만 정체성이란 것을 유지해야 할 경계가 아니라 주체를 적극적으로 엮어내는 관계들과 상호작용들의 연쇄로 생각해보는 것은 어떨까? 그때 이 상호작용의 이야기나 이야기들은 더 복합적이면서 덜 직선적이고 덜 신학적일 것이다. '역사'의 주체가 더 이상 서구적이지 않다면 무엇이 바뀔까? 확증해야 하는 근본적인 가치가 정체성이 아니라 교환인 집단의 관점에서 접촉, 저항, 동화의 이야기들은 어떻게 나타날까? (Clifford 1988: 344)

지옥과 영광에 대하여

투피남바 사람들이 비에이라가 말한 덧없고 불분명한 은매화
조각으로 나타나기 전, 그들은 주형의 각인을 기다리는 밀랍
인간처럼 보였다. 노브레가의 첫 번째 편지는 낙관적이었다.

우리에게 말을 거는 그들은 모두 우리처럼 되기를
바라면서도, 우리처럼 옷을 입을 수 없다고 말한다.
그리고 바로 이것이 유일한 어려움이다. 그들은 미사
소리를 들으면 벌떡 일어나고, 그들이 본 우리의 행동을
무엇이든 그대로 따라한다. 그들은 무릎을 꿇고 가슴을
치고 두 손을 하늘로 뻗는다. 지도자 중에는 매일 세심한
주의를 기울여 수업을 받고, 글자 읽는 법을 배우는
자도 있다. 그는 이틀 만에 알파벳 전부를 터득했다. 이
모든 것을 강한 열망으로 받아들이는 그에게 우리는
성호 긋는 법도 가르쳐주었다. 그는 기독교도가 되고
싶고 사람고기를 먹지 않겠다고 하고 두 명 이상의
아내나 그 외의 것들도 원치 않는다고 말한다. 다만 그는

전쟁에 나가 포로를 잡아서 자신을 위해 포로를 팔거나
사용해야 한다고 말한다. 왜냐하면, 이 땅의 사람들은
늘 다른 사람들과 전쟁 중이고, 그에 따라 그들 모두는
불화 속에 살고 있기 때문이다. 이 사람들은 서로를, 즉
반대편을 먹는다. 이들은 신에 대한 지식도 우상에 대한
지식도 없는 사람들이다. 그들은 시키는 대로 모든 것을
행한다(Nóbrega 1549: I, 111).

여기에 문제의 핵심적인 몇 가지 요소가 있다. 선교사들의
의례적 조직체에 대한 모방적 정렬, 악습에서 기꺼이 손을
떼고자 하는 의지, 채워지길 간청하는 종교적인 공백이
그것들이다. 인정을 구하는 가련한 욕망의 노예로서 투피남바
사람들은 소외된 듯하다.[13] 물론 이 텍스트는 안달난 저
지도자들이 조금은 비타협적인 태도를 갖추었다는 것을 주의
깊게 기술하고 있다. 요컨대 그는 식인 등의 끔찍한 관습을
그만두려 하지만 전쟁은 계속하려 한다. 이러한 비타협적인
태도는 투피 사람들과 선교사들 사이의 '만남'의 또 다른
측면을 묘사한 테베(André Thevet)의 우화에서 다시 등장한다.

내가 찾아갔을 당시 오랜 고열에 시달려 누워있던
핀다부수라는 이름을 가진 이 나라 왕은 혼이 신체를
떠난 후에 어떻게 되는지 내게 물었다. 나는 착하게 산
자 그리고 적을 해함으로써 복수를 행하지 않은 자와
더불어 혼이 투팡(Toupan, 신적 존재)과 함께 하늘 위로
올라간다고 답했다. 내 말을 믿은 그는 깊은 사색에

빠졌다. [...] 이틀 후 그는 내게 사람을 보내어 나를 그 앞으로 불러들였다. 그는 말했다. "그대는 무엇이든 행할 수 있는 투팡에 관한 멋진 이야기를 내게 들려주었소. 바라건대, 나를 대신해서 그분에게 나의 안부를 전하고 그분으로 하여금 나를 낫게 해주시오. 그런 다음 나는 건강한 모습으로 일어나 당신에게 멋진 선물을 보내겠소. 그리고 당신처럼 단정하게 옷을 입고 심지어는 멋진 수염까지 기르고, 당신이 그분을 찬미하는 것처럼 나 역시 투팡을 찬미하고 싶소." 그의 말에 나는 만일 그가 치료되기를 바라고 하늘과 땅 그리고 바다를 창조하신 자를 믿는다면, 그리고 더 이상 [...] 카라이바와 주술사를 믿지 않고 이제껏 살면서 해왔듯 복수를 하거나 적을 먹지 않는다면 [...] 틀림없이 치유될 것이며, 죽음 이후 그의 혼은 아버지들과 어머니들의 혼이 그러했던 것처럼 악령의 괴롭힘을 받지 않을 것이라고 말해주었다. 이 소국의 왕이 내게 답하기를, 투팡의 힘으로 치유된다면 적에게 복수하지 않는다는 단 한 가지 조건을 제외하고는 내가 제시한 모든 조건을 기꺼이 받아들이겠다고 했다. 투팡이 그에게 복수하지 말라고 명하기까지 한다면, 그는 이 명령을 어떻게 따를 수 있을지는 알지 못했다. 아니면 어쩌다 따른다 하더라도 그는 수치심으로 죽을 각오를 해야 했다(Thevet 1575: 85-86).

죽음 이후 혼의 운명에 관한 핀다부수의 질문이 '우주지(宇宙誌, Cosmographie)'라는 텍스트 속에서 투피남바 족의 개인적 종말론(personal eschatology)에 대한 설명 후에 등장한다는 점에서(Thevet 1575: 84-85), 우리는 그의 질문에 더욱 호기심을 갖게 된다. 이 종말론은 정확히 전사로서의 용맹함과 복수를 중심으로 전개되는데, 이 속에서 용감한 자는 낙원을 쟁취하고 겁쟁이는 참혹한 지상의 존재로 운명지어진다. 원주민의 '소국의 왕'은 형이상학적 관점에서 테베와 논쟁하지 않았다. 즉 그는 또 다른 구원론(soteriology)을 내걸고 행하는 기독교도의 공갈 협박을 거부했다. 그러나 그는 윤리적인 관점에서 정언명령(categorical imperative)의 단순하지만 확고함을 가지고 테베를 대했다. 우리는 여기에 주목할 필요가 있다. 나아가 또 하나 주목해야 하는 것은 노브레가가 언급한 지도자와 마찬가지로 '소국의 왕'에게 복수는 타협할 수 없는 논점이지만 복수와 결부된 식인풍습(cannibalism)은 그렇지 않다는 점이다.

  식인풍습과 전쟁의 문제에 대해서는 후술하기로 하고, 지금은 핀다부수가 '피안(the Beyond)'에 대한 정보를 원했다는 점을 살펴보도록 하자. 이런 유형의 탐구는 마치 상인들이 자신의 상품에 딱 맞는 고객을 발견한 것과 같은 어떤 확신으로 인해 예수회 신부들을 기쁘게 했을 것이다. 그처럼 노브레가는 "그들은 신에 대한 어떤 진실도 가지고 있지 않기 때문에 당신이 무엇을 말하든 그대로 믿는다…"며 크게 기뻐했다(Nóbrega 1549: I, 136). 그는 포르투갈(당국)에 선교사들을 더 보내줄 것을 요청하면서, 선교사들이 박식할 필요는 없다고 덧붙였다. "이곳에서는 학식을 조금만 갖추어도 충분하다. 왜냐하면, 모든 것이 백지와 같고, 단지 내키는 대로 쓸 줄만 알면 되기 때문에…"(Nóbrega 1549: I, 142). 페루 코헤이아(Pero Correia)*는 기독교 신앙을 배우려는 현지 지도자들의 열망을 전하고(Correia 1551: I, 220), 레오나르두 누네스(Leonardo Nunes)**는 이 열망에 대해 가능한 설명을 다음과 같이 전개한다.

> 그리고 이 땅의 이교도들에 관해 말하자면, 그들이 이미 받아들일 준비가 되어있다는 점에서 자주 고민에 빠진다. 내가 기독교도들[유럽 출신의 개척민들]과 모든 인연을 끊고 그들 자신과 함께 있기를 바라는 그들의 소망 또한 고민이다. 모든 사도와 함께 나 자신이 그들 곁에 있어야 하는 것이 아닐까 하고. 게다가 이 이교도들이 보여주는 강한 의지로 인해 […] 그들을 가르치기 위해 가야 할 길이 아직 멀다는 것은 한편으로 많은 혼을 놓치고 있음을 말해준다. 신을 만나 구원받기 위해서 무엇을 해야 하는지를 알고 싶어 하는 이들의 소망이 너무나도 강렬하다. 왜냐하면, 이들이 죽음과 심판의 날과 지옥을 극도로 두려워하기 때문이다. 그들은 이미 복음을 알고 있다는 것인데, 주님(the Lord)이 가장 경애하는 페드루

---

* 페루 코헤이아(생년 미상~1554)는 예수회 수사이다. 원래는 플랜테이션 농장에서 원주민 노예의 감독관으로 있었으나 1549년 참회하고 예수회의 수사가 되었다. 그 후 원주민의 통역관으로 중용되었고 1554년 상비센치(São Vicente) 부근에서 선교 활동을 하다가 과라니 쪽 남성이 쏜 활에 맞아 사망했다. 브라질에서 예수회 최초의 순교자가 되었다.

** 레오나르두 누네스(1490~1544)는 포르투갈 태생의 예수회 수사다.

코헤아(Pedro Correa)를 우리의 사도로 삼은 이후 나는 이들에게 행하는 설교에서 이 일을 언급하도록 항상 그에게 당부한다. 두려움이 이들의 마음에 동요를 일으키도록 말이다(Nunes 1551: I, 234-35).

최후의 심판에 관한 복음은 심상치 않은 경이를 불러일으켰다(Rodrigues 1552: I, 410). 또 그들은 장수와 건강을 사제에게 끊임없이 요구했다. "그들은 마치 그들의 주술사가 약속하듯이 우리가 그들에게 장수와 건강과 노고 없는 부양을 베풀기를 바란다"(Pires 1552: I, 325). "왜냐하면, 우리가 그들을 건강하게 할 수 있다고 그들이 생각하기 때문이다…"(Louenço 1554: II, 44). 안시에타는 타모이우(Tamoio)* 족 파견 사절단의 도착을 보고할 때에 도착 직후 자신이 행한 설교를 상기한다. 그는 자신이 이 땅에 온 것은 신이 다음과 같은 일을 행하게 하기 위함이라고 말한다.

신이 풍족한 식량과 건강을, 적들에 대한 승리나 그와 유사한 것을, 그들보다 높은 곳에 있지 않으면서도 베풀도록 하기 위해서 나는 이곳에 왔다. 왜냐하면, 이 나라는 이러한 단계를 밟지 않고 천국에 오르기를 바라지 않기 때문이다…(Anchieta 1565: 199).

마을의 지도자들은 경탄하는 마음으로 '지옥과 영광'에

---

*   타모이우 족은 투피계의 하위 종족 중 하나이다.

대한 설교를 경청했고 선교사들을 해치지 말라고 동료들에게
경고했다. "우리의 주술사가 두렵다면, 참된 성인(聖人)이
분명한 사제를 훨씬 더 두려워해야 한다…"(Anchieta 1565:
204-05). 그리고 그는 안시에타에게 자신과 신 사이를
중재해달라고 부탁했다. "내가 내 편이 아닌 당신과 동료가
되도록 내게 장수를 달라고 그분께 기도해달라…"(Anchieta
1565: 210).

부가 설명

비록 이상적인 수신자는 예수회 수사였지만, 다른 저명한
유럽인에게도 비슷한 요구가 제기되었던 것 같다. "절대로
우리가 죽지 않게 해달라…"라는 빌레가뇽(Nicolas Durand de
Villegagnon)*을 향한 호소에 관해서는 테베(Thevet 1575:
20)를 참조할 것.[14] 그러나 기적을 일으키는 힘이라는 선교사의
권능이 뒤집어지기까지는 그리 오랜 시간이 걸리지 않았다.
세례수(baptismal water)는 발병의 매개체였기 때문에(심지어
세례수는 임종 순간에 빈번하게 투여되었다) 곧바로 죽음과

---

*   니콜라스 뒤랑 드 빌레가뇽(1510~1571)은 프로방스 영주의 아들로
    태어났다. 삼촌의 권유에 따라 1531년 구호기사단의 기사가 되었다. 1554년
    프랑스 개신교들의 자유로운 종교활동을 위해 앙리 2세의 명을 받아
    식민지 개척단을 이끌고 브라질로 항해를 떠난다. 브라질 남동부 대서양의
    구아나바라(Guanabara) 만(灣)에 아메리카 최초의 프랑스 식민지인 포트
    콜리니(Fort Coligny)를 건설한다. 1559년 빌레가뇽은 포트 콜리니를 떠나
    프랑스로 되돌아갔고, 그 땅은 이듬해 포르투갈인들이 점령한다.

결부되었고, 인디오들은 그것을 두려워하며 거절했다. 그들은 사제가 도착한 즉시 도망쳤고 주술의 공포로 인해 전쟁포로를 사제들에게 인도하기까지 했다(Nóbrega 1549: I, 143; Pires 1552: I, 395-97; Grã 1554: II, 133-34; Sá 1559: III, 18-20). 게다가 세례수는 죄수의 살을 오염시켜서 그것을 먹은 자를 죽게 만드는 독이 있다고 믿어졌는데(Lourenço 1553: I, 517-18; Correia 1554: II, 67-68), 이것은 진실과 그리 멀지 않았을 수도 있다. 사제들의 종말론적 이야기는 흉조로 여겨졌다.

> 그들이 함께 모여 있는 것을 보았으므로, 나는 통역을 통해 신에 관한 무언가를 전하고자 여기 왔다고 말했고, 그들은 모두 귀를 기울였다. 하지만 통역이 죽음에 대해 말하려고 하자 그들은 듣고 싶어 하지 않았고 더 이상 그 무엇도 이야기하지 말아달라고 했다…(Lourenço 1554: II, 44).

> 그들 앞에서 죽음에 관해 이야기하는 것은 매우 끔찍한 일이다. 그들은 죽음을 이야기하는 것만으로 죽음이 온다고 확신했고, 죽음에 대한 이 생각은 그들을 상상만으로도 충분히 죽게 만들기 때문이다. 그들은 자신들에게 죽음을 가져오지 말아 달라고 수차례에 걸쳐 나에게 간청했다…(Grã 1554: II, 137).

세례가 죽음을 일으킨다는 이 이론을 널리 퍼뜨린 사람들은 **파제**(pajé, 샤먼 치료사)와 **카라이바**(karaíba, 샤먼 예언자)였다.

낙원에 있는 구분

장수, 풍요, 전쟁에서의 승리는 '악 없는 땅'의 테마들이다. 예수회 사제들은 투피남바 족의 **카라이바**에 동화되었다. 이것은 당시 유럽인을 초자연적 힘을 가진 사람으로 분류한 맥락 속에서 이해되어야 한다. 의미심장한 데미우르고스(demiurge)*의 이름인 **마이르**(*Mair*, 혹은 '마이라(*Maíra*)')는 인디오들이 프랑스인들을 부르는 종족명이었다. 그리고 **카라이바**(고도의 샤먼적 과학의 수혜를 입은 데미우르고스와 문화영웅의 자격을 뜻하는 용어)는 사제들뿐만 아니라 유럽인 일반을 가리키게 되었다. **카라이바**와 그들의 관행에 대해 안시에타는 다음과 같이 명시한다.

---

* 데미우르고스는 플라톤의 저서 『디마이오스』에 나오는 창조신이나. 이 신은 무에서 유를 창조한다기보다 이미 있는 이데아와 재료를 가지고 세상을 만들어낸다. 그래서 '창조자'라기보다 '제작자'에 가깝다.

발명된 이 모든 것들을 통칭하는 말이 카라이바이다.
카라이바는 신성한 것 혹은 초자연적 현상을 의미한다.
그리고 이런 이유로 인해 그들은 포르투갈인들이
도착하자마자 다른 세계에서 온 위대한 존재자라는
의미를 담아 포르투갈인들을 카라이바라고 불렀다.
멀리서 물 위를 건너왔기 때문이다(Anchieta 1584: 332).

테베는 유럽인과 신화적인 **카라이바**와의 동화(assimilation)가
투피남바 종교에서 미리 형성되어 있었다는 것을 좀 더
직접적으로 시사한다. 이 현명한 수도사는 아메리카 원주민에게서
백인의 도래와 신화적 영웅 혹은 신성한 인물의 귀환 사이의
연합이 일반성을 가지고 있음을 가장 먼저 알아차린 사람인 것
같다.

나는 악령이 미래의 일들을 알고 있는지, 또 그것들에
얼마나 익숙한지에 대해 더 이상 논쟁하지 않겠다….
하지만 한 가지 사례에서만은 분명히 말할 수 있는데,
우리가 그곳에 도착하기 오래전에 이미 악령이
우리의 도착을 예견해 두었다는 것이다. 나는 그들뿐
아니라 이 미개한 민족의 포로였던 몇몇 포르투갈
기독교도들로부터도 그것을 익히 들어 알고 있다.
그리고 페루와 멕시코를 발견한 최초의 스페인인들도
마찬가지였다(Thevet 1575: 82; Léry 1578: 193-94).

사실 **마이르**와 **카라이바**라는 용어로 백인을 이해하는

'독해(reading)'는 무해한 은유 이상이었고 이러한 동화에서 침략자들의 기술적 영민함이 어떤 역할을 했다는 강력한 증거가 있다.[15] 여기서 우리는 인디오들이 사제들과 그 외의 저명한 유럽인들에게 장수를 요구한 것을 이해하게 해주는, 신화라는 빙산의 일각을 본다. 인간과 문화영웅 혹은 데미우르고스 사이의 분리에 대한 투피 족의 신화들은 죽을 운명의 기원에 대한 신화이기도 하다. 이러한 신화들은 몇몇 측면에서 레비스트로스가 분석한 '단명의 기원'이라는 주제를 떠올리게 한다(Lévi-Strauss 1964).* 인간과 문화영웅의 분리—인간 조건의 확립, 말하자면 사회적이면서 죽을 수밖에 없는 조건의 확립—에 관한 신화적 모체는 인디오와 유럽인의 차이에 대해 생각하기에 유용하다(H. Clastres 1975). 다른 아메리카 원주민들처럼 투피 족도 백인의 기원에 대한 신화에서 백인의 물질적 우월성을 설명하기 위해 단명 콤플렉스의 특징인 나쁜 선택이라는 모티프를 사용한다. 백인은 태초에 '현명한 선택'을 했기 때문에 '[신의] 계승자이자 진정한

---

* 레비스트로스는 아메리카의 여러 신화에서 인간이 신을 거역함으로써 죽을 운명에 처하게 된다는 플롯이 공통적으로 발견됨을 이야기한다. 인간은 처음부터 죽을 운명은 아니었으나 신이 명한 금기를 어김에 따라 단명하게 되었다는 것이다. 이제 인간이 삶과 죽음의 대립을 넘어서서 죽음을 피하거나 다시 젊어지려면, 인간의 조건을 버리고 (허물을 벗는) 동물이 되거나 천상의 존재가 되어야 한다(레비스트로스, 『신화학 1: 날것과 익힌 것』, 임봉길 옮김, 한길사, 2005, 317~44쪽 참조). 이러한 불사의 조건은 아메리카의 신화 속에서 때로 문명의 기술(문화영웅)과 접목되었고, '문명화된' 유럽 식민자들이 불사할 것으로 '오해'한 아메리카 원주민들은 그들에게 자신들도 불사하게 해달라고 요구했다.

자식'인 **마이르**와 **카라이바**의 자질로서 불멸(non-mortality)에 관한 신성한 과학을 소유하게 되었다고 상상할 수 있다는 것이다.

부가 설명

'나쁜 선택'이라는 테마는 인디오와 백인 사이의 문화적 차이의 기원으로서 테베보다 오히려 아브빌(Claude d'Abbeville)*에게서 더욱 직접적으로 제시된다(Abbeville 1614: 60-61). 그것은 원주민의 무기부터 유럽인의 무기까지 데미우르고스가 인간에게 제공하는 무기 옵션의 광범위한 형태로 나타난다. 이 패턴은 다른 지역에도 널리 퍼져있어서, 가령 싱구(Xingu) 강 상류와 북서부 아마존의 신화에서도 발견된다(Agostinho 1974: M2). 후자의 경우, 바라사나(Barasana) 족과 마쿠(Maku) 족의 판본 모두에 (쌍둥이) 형제 사이의 서열 바뀜이라는 '야곱과 에서'의 모티프를 발견할 수 있다(Hugh-Jones 1988). 아브빌은 투피남바 족의 신화에서도 이 모티프를 발견했다(Abbeville 1614: 251-52). (마쿠 족의 서사는 마쿠 족과 투카노 족의 차이를 고려하고 있음을 유의할 것 Ramos et al. 1980: 168).

* 클로드 아브빌(생년미상~1632)은 17세기 프랑스의 프란체스코 수도회 수도승으로 마라냥(Maranhão)의 투피남바 족 사이에서 선교사로 활동했다. 1611년 식민지 개척단의 일원으로 프랑스를 출발한 그는 1612년부터 1615년까지 프랑스의 성 루이스 요새가 세워진 마라냥에서 선교 활동을 수행했다. 에브뢰(Yves d'Évreux)와 함께 투피남바어를 배웠고 자신의 체험을 바탕으로 책을 출간하기도 했다.

로베르토 다마타(Roberto DaMatta)는 그의 선구적인 저작에서 문화(요리에 쓰이는 불)의 기원에 관한 팀비라(Timbira) 족 신화와 백인의 도래 사이에 구조적인 관계가 있음을 보여주었다(DaMatta 1970, 1973). 더 최근에 레비스트로스는 다마타가 분석한 아우케(Auké)* 서사가 우주 창조론의 장대한 과정 중 하나의 에피소드로서 테베가 수록한 백인의 기원에 관한 투피남바 족 신화의 반전이라고 지적했다(Lévi-Strauss 1991). 나는 백인의 발생에 관한 신화들과 단명 및 죽을 운명에 관한 병인론(病因論, etiology) 사이에 관계가 있다고 말하려 한다. 후자의 병인론이 불-문화 복합체의 기원과 관련이 있다는 것은 레비스트로스의 『날것과 익힌 것』(1964)에서 설명되었다. 레비스트로스는 '오감(五感)의 코드'라는 관점에서 단명의 신화들에 접근한다. '나쁜 선택'이라는 모티프는 이 코드의 변주로 간주될 수 있다. 즉 여기서는 (칸트적 의미에서) 감성과 연관된 오류라기보다 '양식'(혹은 지성)의 결여로 인한 실수일 수 있다. 인간의 배은망덕과 공격성의 결과로서 투피남바 족에서의 데미우르고스와 인간 간의 절연은 인간 측(즉 인디오 측. 인디오에 의한 단절이 백인과 인디오의 차이를 만들어냈으므로)의 분별력 부재라는 나쁜 선택에 관한 최초 사례로 대략 간주될 수 있다.

휴존스(Stephen Hugh-Jones)가 분석한 북서 아마존의 서사는 투피남바 족 신화에 매우 가까운 변이형이다. 지면상 여기서 양자의 관계를 상세히 분석할 수는 없고, 다만 북서 아마존 신화의 한 측면에만 주목해보겠다. 이 신화는 (인디오의) 단명의

*   제(Gê) 족의 신화에 등장하는 신화적 인물.

기원과 백인의 기원 사이에 직접적인 상관관계를 수립한다. 백인은 장수할 수 있다는 점에서 거미, 뱀, 여자와 유사하다(여기서 월경은 '피부를 바꾸는 것'으로 간주된다). 백인은 문화적 피부, 즉 의복을 갈아입는다. 따라서 기술적 지식은 불멸과 연관된다. 불사의 기호 혹은 도구로서 피부의 교체라는 테마는 오늘날 여러 투피계 집단의 우주론에서 핵심적이다. 아라웨테(Araweté) 족에서 그것은 **마이**와 연결된다(마이는 투피남바의 **마이르**와 비교될 수 있다)(Viveiros de Castro 1986).

이 테마의 부정적 변환, 즉 백인의 불멸과 인디오의 단명을 인과관계로 연결하는 변형에도 주목해야 한다. 안데스와 안데스 아래 지방에 널리 알려진 **피스타코**(*pishtaco*) 혹은 **페라카라**(*pelacara*) 형상은 백인의 무시무시한 위격(hypostasis)으로서, 얼굴에서 피부를 벗겨낼 용도로(혹은 몸에서 지방을 도려낼 용도로) 인디오들을 사냥하고, 그것을 자신들의 젊음을 회복하는 데 사용한다. 피터 가우(Peter Gow)는 **페라카라**가 대도시에서 성형외과 의사들을 공급했다고 주장하는 피로(Piro) 사람들을 연구하며, 피부 교체라는 모티프를 훌륭하게 현대적으로 독해하였다(Gow 1991a: 245).

이것[백인에게 **마이르**나 **카라이바**의 지위를 부여하는 것]이 유럽인에게 '둘리아(dulia, 聖人崇拜)'나 '라트리아(latria, 有一神崇拜)' 등과 같은 숭배의례를 바쳤음을 의미하지 않는다는 점은 명확하다. 유럽인들은 자신들의 형편없는 모습이 드러나자마자 여타 적들과 마찬가지로 살해당했다.

게다가 집행인이 곤봉을 들었을 때 그들이 보여준 겁먹은 모습은 놀라움과 조롱을 불렀다. 엘렌 클라스트르(Hélène Clastres)가 보여주었듯이 투피과라니 족의 종교는 인간적인 것과 신성한 것 사이의 분리가 넘어설 수 없는 존재론적인 장벽이 아니라 극복되어야 하는 어떤 것이라는 관념에 기반한다. 인간과 신은 같은 몸체를 가지고 있고 같은 조건을 공유했다. 인간성이란 하나의 조건이지 본성이 아니었다.[16] 초월성이 생소한 이러한 신학은 양심의 가책 따위를 받지 않는 만큼 겸손과도 무관했다. 이 신학이 이러한 감상의 "변증법적" 전도로 치우친 것도 아니다. 투피 사람들은 선택받은 자들의 오만함 혹은 타자를 자기 이미지로 환원하려는 충동을 상상조차 할 수 없었다. 즉 유럽인들이 인디오들을 쓸모 있는 동물이나 잠재적인 유럽인 및 기독교 신자로 보아서 그들을 원했다고 한다면, 투피 사람들은 유럽인들을 완전한 타자성으로서 원했다. 유럽인들은 투피 사람들에게 자기 변화의 기회, 즉 문화의 기원에서부터 산산이 흩어진 것들이 재결합할 수 있다는 신호를 보냈고, 그에 따라 투피 사람들은 인간의 조건을 확장하거나 혹은 나아가 그것을 넘어설 수 있었다. 즉 유럽인들이 아닌 아메리카 원주민들이야말로 아메리카 대륙에서의 잘못된/엇갈린 만남에서 '낙원의 비전'을 보았던 것이다(Buarque de Holanda 1969). 인디오들은 자신의 정체성을 타자에게 부여하려는 광적인 욕망을 가지지도 않았고, 자신의 민족적 우월성을 이유로 타자를 거부하지도 않았다. 오히려 그들은 타자와의 관계(가상의 양식 속에서 항상 존재하는 관계)를 만들어냄으로써 그들 자신의 정체성을 변환하는 것을 목표로 삼았다. 야생의 혼이 가진 변덕스러움은 그 열림의 순간에서, "확증해야 하는 근본적인 가치가 정체성이 아니라 교환"인 곳의 존재 방식의 표현이다. 이것은 앞서 인용한 클리포드의 심오한 서술을 상기시킨다.

    그러니까 실체적 동일성(substantial identity)이 아닌 관계적 친연성(relational affinity)*이 확증해야 할 가치였다. 일부 투피 사람들의 '신학'이 교환의 사회학이라는 관점에서 곧바로 정식화되었다는 점을 상기해보자. 신과 인간의 차이는 혼인 동맹의 언어로 설명되었고(Viveiros de Castro 1986), 이 언어와 동일한 언어가 투피남바 사람들이 적에 대해 사고하고 적을 통합하는 데에 사용되었다. 유럽인들은 신들과 인척들과 적들 각각의 술어가 상호 소통하는[대체되는], 타자성의 투피적 형상들이 이미 모여 있는 공간을 공유하게 되었다. 이 관점에 따라 자신의 딸과 누이를 유럽인들과 혼인시키는 인디오들의 '위대한 명예'에 관한 다양한 잔류 기록들을

---

*   인류학에서 통상적으로 친연성(affinity)은 혈연성(consanguinity)과 대비되는 용어로서 사용된다. 혈연성이 내집단의 혈연관계의 속성을 뜻한다면, 친연성은 외집단과의 잠재적 인척관계의 속성을 가리킨다. 레비스트로스는 낯선 타자와의 혼인 동맹을 통한 친족 구성에서 누이들을 교환하는 당사자들 간의 관계성을 가리키는 용어로서 친연성이라는 말을 사용했다. 카스트루는 여기서 더 나아가 타자들 간의 횡단적 관계성을 함축하는 말로 친연성을 사용하고 있다. (Viveiros de Castro, Eduardo. 2001. "GUT Feeling about Amazonia: Potential Affinity and the Construction of Sociality." *Beyond the Visible and the Material: The Amerindianization of Society in the Work of Peter Rivière*. Rival, Laura and Neil Whitehead (eds.) Oxford University Press, pp. 19-44 참조.)

이해할 수 있다(Anchieta 1554: II, 77; Anchieta 1563: III, 549; Anchieta 1565: 201-02; Abbeville 1614: 63). 우리는 지금 인디오의 명예에 대해 이야기하고 있으므로, 경제적 이해타산—그 많은 재화를 가진 주인님들 중에서 사위나 매부를 얻는 것은 분명 강력한 동기가 되었을 것이다—너머에 존재하는 비물질적 차원 역시 고려해야만 한다. 바로 이 명예 관념의 관점에서 편찬가들은 처형의 의례를 행하기 전에 전쟁포로에게 여성을 짝지어주는 일을 해석한 바 있다(Correia 1551: I, 227; Monterio 1610: 411; Cardim 1584: 114). 내가 보기에 여기서 명예란 투피남바 문화의 원초적인 가치를 표지한다. 혼인의 부채라는 원형적 장치를 통해 우리(socius) 외부에 있는 타자성을 포획하고 그것을 '내부의' 사회적 논리에 복속시키는 것은 사회의 주요한 동력이자 모티프로서 원심적 충동(centrifugal impulse)에 의한 응답이다. 적의 섬멸을 위한 전쟁과 유럽인들에 대한 열광적 환대, 식인으로 일어나는 보복과 이데올로기적 탐식은 모두 동일한 성향과 욕망을 표현한다. 타자를 흡수하라, 그리고 그 과정에서 스스로 변화하라.[17] 신들과 적들, 그리고 유럽인들은 잠재적 친연성(potential affinity)의 형상이자 매혹적이면서도 그와 동시에 매혹되어야 할 타자성의 다양한 변형이었고, 그러한 타자성이 없다면 세계는 무관심과 무감각의 나락으로 떨어질 터였다.

핀다부수가 테베에게 물은 것과 같은 질문들은 선교사가 작성한 문헌에서도 공명한다.[18] 예수회 수사들의 종말론적인 설교는 적어도 초기에는 큰 성공을 거두었다. 그것은 토착 종교의 핵심적인 문제, 즉 개인의 죽을 운명에 대한 거부와 연결되었다(Clastres 1975; Viveiros de Castro 1986; Combès 1992). 나아가 기독교의 묵시록적 메시지는 대지를 파괴할 우주적 재난이라는 토착적 주제와 일치했다.[19] 그러나 나는—현지의 관념과 전적으로 이질적이라면 애초에 걸러졌을—일치되는 기독교적 테마만이 투피남바 사람들이 피안에 대한 사제의 복음에 귀기울이게 한 유일한 요소는 아닐 것이라고 생각한다. 그러한 일치는 다른 측면에서 보자면 토착적 관념과는 완전히 이질적인 일련의 조합에서 골라낸 결과이다. 안시에타가 공식화한 것처럼 유럽인들이 '다른 세계로부터' 온 만큼 유럽인들은 외부의 전령이자 혼과 죽음의 친척이었다. 유럽인들이 흡수한 **카라이바** 혹은 '신성한 자들'과 마찬가지로 유럽인들의 지역은 비-현전의 영역이었다. 인디오 주술사와 마찬가지로 유럽인은 경험의 영역 너머에 무엇이 있는지를 제대로 진술할 수 있는 위치에 있었다.

부가 설명

투피과라니 족의 종교와 선교사의 교리가 내용상 수렴된다는 것은 부정할 수 없는 사실이지만, 나는 그것으로 설명이 종결될 것으로 생각하지 않는다. 투피남바 사람들의 요청만큼 (인류학자들과 그 외 문화주의자들을) 당황하게 만드는 요청은 오늘날에도 여전히 관찰된다. 피터 가우는 16세기 투피 족과 특별히 유사하지 않은 우주론을 가진 [현대의] 피로 족이 어떻게 하계언어학연구소(the

Summer Institute of Linguistics, SIL)*의 선교사들에게 동일한 유형의 질문을 했는지 이야기한다(Gow 1991b, 1991c). 그들은 선교사들과 그 외 **그링고**(*gringos*)**들에게 인지상의 권한—애매한 권한—을 위임하면서 저 밖에서, 즉 죽음이나 생활공간의 한계나 천계에서 무슨 일이 일어나는지를 알고 싶어 했다. 여타 많은 관찰자들도 이와 유사한 사실을 목격했다. 그래서 나는 과라니 족에서 예수회가 성공한 것에 대한 엘렌 클라스트르의 가설에 유보적이다(해안 지역의 투피 족에서 예수회의 성공은 미미했음을 언급해두겠다)[20]. 엘렌 클라스트르는 그러한 성공이 기독교적 종말론과 '악 없는 땅'이라는 테마 사이의 유사성 덕분이라고 주장하는데(H. Clastres 1975: 63), 다만 기독교적 종말론은 현지의 예언자적 담론이 약속한 것과는 반대로 살아생전 기독교의 낙원에 가볼 수 없으므로 거짓임이 입증될 위험이 없는 추가적인 이점을 가지고 있었다. 내가 보기에 유럽 담론의 (일관되지 못한) 수용은 이데올로기적 내용의 수준에서만 설명되어서는 안 된다. 그보다 설명은 다음의 두 갈래를 따라 이뤄져야 한다. 한편으로는 문화나 전통에 대한 사회적으로 결정된 (자기-)관계의 형식이라는

* SIL은 성경을 토착 언어로 번역하는 것을 목적으로 1934년 설립된 기독교 비영리 단체이다. 이뿐만 아니라 소수민족의 언어를 발굴하고 데이터베이스로 구축하는 사업을 전개해왔고 현재 50개 이상의 국가에서 세계 언어를 문서화하는 소프트웨어 프로그램을 개발하고 있다. 유엔과 유네스코로부터 공로를 인정받아 유엔의 공식적인 협력체로서 국제기구 포럼의 회원단체로 등록되어있다.
** 스페인어나 포르투갈어를 사용하는 라틴 아메리카의 나라들에서 미국이나 캐나다에서 온 외국인을 가리키는 말이다. 특히 미국인을 비꼬아 낮추는 뉘앙스를 담고 있다.

수준에서, 다른 한편으로는 존재론적 전제조건의 (문화적) 구조라는 수준에서 말이다. 문화는 믿음의 체계가 아니다. 오히려—그것은 반드시 무언가는 되어야 하기에—경험의 잠재적 구조화들의 집합이다. 그것은 각양각색의 '전통적' 내용을 지지할 수도 있고 새로운 것을 흡수할 수도 있다. 문화는 '문화화하는(culturating)' 장치이거나, 믿음의 전개 과정의 핵심적인 요소 중 하나다. 문화화된 문화의 구성적 평면에 대해서도 나는 특정 문화가 그 자신의 '믿음'과의 연관성 안에서 외래의 '믿음'에 보완 혹은 대안의 지위를 부여하는 조건이 무엇인지를 탐구하는 것이 더 흥미로울 것이라고 생각한다.[21]

특히 선교사들은 **카라이바**와 비슷해 보였고, 그들 자신도 이를 어떻게 활용해야 하는지 잘 알고 있었다. 선교사들의 유랑 기질과 타이르는 듯한 말투는 처음부터 선교사들을 **카라이바**로 보이게 만들었다. 선교사들은 또한 샤먼이나 추장의 스타일로 아침 설교를 하기 시작했다(Correia 1551: I, 220). 투피남바 사람들 사이에서 음악가와 유능한 가수들(**카라이바**를 포함하여)이 누리는 높은 명성의 이점을 활용하고자 선교사들은 일말의 망설임 없이 노래를 유혹의 도구로 들여왔다. 아마도 그들은 여기저기 순회하는 예언자들과 여타 '연설의 달인들'을 보호한 것과 같은 면책특권의 혜택을 받았을 것이다(Cardim 1583: 186). 심지어 선교사들은 적당하게 진의를 숨긴 채로 적에 대한 승리와 물질적인 풍요를 약속하며 현지의 요구에 응했을

것이다(Anchieta 1565: 199). 병의 치유와 장수에 대한 요청에는 영생에 관한 설교와 세례로 응답했다(Azpicuelta 1550: I, 180). 그리고 그들은 약간의 염려 속에서도 미래를 말하는 권능을 지녔다는 오명까지 받아들였다(Sá 1559: III, 40).[22]

물론 투피남바 사람들 또한 선교사를 이용하는 방법을 잘 알고 있었다. 첫 번째 근거로는 **카라이바**가 사제의 강경한 반대자임이 번번이 드러났음에도 불구하고 적잖은 **카라이바**는 도전적이든 기회주의적이든 기독교 담론을 제 것인 양 이야기했다는 점이다.

> 나는 천신만고 끝에 한 주술사, 이 땅에서 가장 뛰어난 주술사와 만났다. […] 나는 그에게 하늘과 땅을 창조하고 천국을 다스리는 신과 어떤 권위로서 교신하는지 물었다. 만약 그가 신과 교신한다면 말이다. […] 그는 조금도 부끄러워하지 않고 자신이 신이며 신으로 태어났다고 답했다. 그리고 그는 자기가 치유한 자를 내게 소개해줬고, 천계의 신은 그의 친구이며, 구름과 천둥, 번개 속에서 그에게 모습을 드러낸다고 했다…(Nóbrega 1549: I, 144).

페르남부쿠(Pernambuco)의 어느 마을에서 온 또 다른 "방랑하는 주술사"는 다음과 같았다.

> 신부들이 이교도들로부터 얻는 신뢰를 보고, 자신은

신부들의 친척이고 신부들은 진실만을 이야기한다고
말했다. 또 앞에서 언급한 신부들이 말한 대로 자신은
이미 죽어서 이생을 끝냈다가 다시 살아 돌아왔으며,
그렇기 때문에 자신을 믿어야 하고 이승에 잠시 있는
동안 자신의 요구대로 딸들을 내주어야 한다고 했다…
(Rodrigues 1552: I, 320).[23]

두 번째로, 개종을 갈망하는 지도자들이 수많은 편지 속에 언급되었다는 사실은 가장이나 마을 우두머리 등의 정치적으로 힘 있는 남성들이 **카라이바**의 지식으로서 종교적 대안 지식을 입수할 기회를 거머쥐려 했다는 것을 보여준다. 그러나 식민지 이전의 투피 사회에서 '정치적인 것과 종교적인 것의 모순'에 관한 엘렌 클라스트르의 가설을 전적으로 받아들일 필요는 없다. 다만 여기서 우리는 경쟁 관계인 유지들 사이의 분쟁을 볼 수 있다. 게다가 자신의 정치적 목적을 달성하기 위해 사제를 이용하는 일도 흔했다.[24] 이페로이그(Iperoig) 지역의 타모이우 족은 전통의 적수인 상비센치 지역의 투피니킨(Tupiniquim) 족에 대항하고자 포르투갈인과 동맹을 맺기 위해 안시에타의 사절단을 받아들였다. 겉으로는 분절적인 대립의 의향이 없어 보이는 투피 족이 다른 투피 족에 대항해 신체 전쟁을 계속하기 위해서 유럽인들에게 혼을 판 것이다. 이것은 왜 인디오가 복수의 명령 앞에서 타협하지 않는지를 이해하는 데에 도움을 준다. 그들에게 종교는, 자신의 것이든 타자의 것이든 전쟁이라는 목적에 종속되어 있었다. 그들은 당대 유럽에서 전개된 종교의 전쟁을 하는 대신에 전쟁의 종교를 실행했다.

믿음의 어려움에 관하여

당시 사제들은 유달리 강한 유형의 **카라이바**로 여겨졌다. 하지만 여기서 우리는 큰 문제에 직면한다. 과연 투피남바 사람들은 그들의 예언자를 믿었을까? 초기 예수회의 편지들은 성스러움에 맹목적으로 이끌리는 인디오들의 경신(輕信, credulity)을 한탄했다. 그로 인한 이익을 기대하지 않은 것은 아니지만 말이다. "그들은 신이 되고자 하는 자라면 누구라도 믿어주고, 그자에게 전폭적인 신뢰를 보낸다…"(Nóbrega 1549: 137-38). "그들 가운데 사람들이 성자로 섬기는 자가 있고, 사람들은 이자를 지나치게 믿은 나머지 이자가 명령하는 것은 무엇이든 행한다"(Correia 1551: I, 231). 샤먼이 영적인 힘을 불어넣기 위해 연행하는 의례, 샤먼이 해줄 것이라 믿는 치유와 예언과 초자연적 행위, 그리고 산 자의 세계와 죽은 자의 세계 사이를 매개하는 샤먼의 역할은 잘 알려져있다. **카라이바**가 부추기고 이끈 '악 없는 땅'을 찾아 떠난 고된 이주에 대해서는 두말할 것도 없다. 요컨대 중요한 종교적 역할을 수행하면서 투피남바 사람들 사이에서 '대단한 위신'을 누린 샤먼들과 예언자들이 분명 존재했다(Clastres 1975: 42). 더 살펴봐야 하는 것은 기독교 선교사들에게도 상당히 퍼진 이러한 위신이 신앙과 믿음의 정치-신학적 언어로 번역될 수 있는가이다.

예수회 수사들은 **카라이바**의 해로운 위신을 지적했지만, 이상하게도 편지에서는 **카라이바**가 이교도 개종의 주요 장애물이 아니라 오히려 부가적인 문제인 토착적 악습의 일부로서 그 자체로는 기독교화에 대한 욕망을 방해할 수 없는 자로 등장한다.

> 상대편을 죽이고 사람고기를 먹고 많은 아내를 거느리는 것을 진정한 행복이라고 여기는 것 같았던 이교도들은 상당 부분 개과천선했으며, 우리가 하는 일이란 그들이 그런 짓거리들을 멀리하게 하는 것이다. 그 외의 일은 쉽기 때문이다. 그들 가운데 자신을 성자로 만들고 건강과 적에 대한 승리를 약속해주는 자들이 있지만, 우상은 없는 탓이다. 이 해안 지역에서 내가 말해본 모든 이교도 중에는 누구도 내가 말한 것에 반감을 내비치는 이가 없었다. 이곳의 모든 이들은 기독교도가 되기를 원하고 갈망한다. 그렇지만 관습을 버리는 것은 힘든 일인 듯하다…(Nóbrega 1551: I, 267-68).

> 살육과 식인에서 벗어나게 하고 주술사를 멀리하게 하며 한 여자와만 살게 하는 것…(Blázquez 1558: II, 430).

예수회 수사들은 초기의 낙관주의에서 빠져나온

직후 환멸에 이르렀고, 환멸의 시기에는 전형적인 야생의 변덕스러움이 개종의 장애물로서 토박이 '성자들'의 행위보다 더 무거운 속박으로 다가왔다. "왜냐하면, 매넌 찾아오는 성자들 외에 예찬할 자가 없는 까닭에 […] 그들은 기독교도가 되고 싶다고 쉽게 말하며 또 그만큼 쉽게 원래대로 되돌아가기 때문이다…"(Pires 1552: I, 324). 점차 사제들은 **카라이바**에 기탁된 믿음의 종류가 자신과 자신의 교리에 바쳐지기를 바라는 것과 정확히 같지 않다는 것을 깨닫기 시작했다. "그들은 사람들 가운데 스스로 성자이기를 자처하는 자에 대해 때로는 신뢰하고 때로는 신뢰하지 않는다. 왜냐하면, 그들은 대개의 경우 성자가 거짓말한다는 것을 알아채기 때문이다"(Correia 1553: I, 447). 예수회 수사들의 이 비판을 단순한 악의나 동업자에 대한 시기로 치부할 수는 없다. 사제들이 자각한 회의론은 그들 자신에게도 영향을 주었다.

> 그리고 그들을 찾아가 설교하고 귀가하는 일은 쓸데없는 짓이다. 왜냐하면, 설교가 신뢰를 준다 해도 그것이 오랜 관습에서 그들을 빼내기에는 충분하지 않기 때문이다. 또 그들은 우리를 믿되, 그들에게 때로 거짓말하고 때로 진실을 말하는 주술사를 믿는 것처럼 믿기 때문이다…(Nóbrega 1558: II, 452).

추종자들의 총애를 잃은 예언자가 살해당하는 것은 드문 일이 아니었다(Thevet 1575: 81; Cardim 1584: 103). 몇몇 사례를 보면, 비센치 호드리게스(Vicente Rodrigues)가 보고한

페르남부쿠 주술사의 경우처럼, 사제들은 신뢰의 상실을 책임져야 했다(다음을 참조. Abbeville 1614 ch. XII). 의심할 것도 없이 이것은 [사제들에게] 우려할만한 상황이었다. 사람들이 계시종교(revealed religion)*에 끌린 것은 예언의 진위와 치료의 효능이 조건부로 따라붙는 부류의 믿음 때문이 아니었을 것이다. 투피남바 스타일의 종교성은 참된 신앙에 맞는 환경을 조성할 수 없었다. "이 땅에서 우상숭배는 존재하지 않지만, 대신에 그들은 어떤 성자들을 믿는 것도 아니면서 믿는 것을 거부하지 않는다고 한다…"(Grã 1556: II, 292). 믿는 것도 아니면서 믿는 것을 거부하지 않는다. 인디오들은 어찌어찌해서 신을 믿지 않으면서 배중률(排中律, the principle of the excluded middle)**도 믿지 않을 수 있었던 것 같다. 아니면 비에이라가 후에 말한 것처럼, "믿게 된 후에도 믿음이 없다." 불과 몇 년 전에 이교도의 일반적인 우매성에 대해 역설했던 선교사들은 사태가 훨씬 더 복잡할 뿐만 아니라, 성자들에 대한 믿음과 선조들의 옛이야기에 대한 믿음이 개종에 대한 부정의 공간을 그리지는 않는다는 것을 깨달았다.

뤼시앵 페브르(Lucien Febvre, 1878~1956)의 기념비적 저작인 『16세기의 무신앙 문제』를 상기시키는 투피남바 버전의 '16세기의 무신앙 문제'는 두 가지의 연관된 측면을

---

*   계시종교는 신의 계시를 인정하며 그에 기반한 종교를 말한다. 기독교, 이슬람교, 유대교 등이 이에 속한다.

**   배중률은 중간(제3항)은 배제된다는 법칙을 말한다. "모순 관계에 있는 양자는 모두 틀릴 수 없다"라는 말로 표현된다.

제시한다. 하나는 인지적인 것이고, 또 하나는 정치적인 것이다. 은매화 조경수를 다듬는 정원사라면 모름지기 "이자들이 눈에 보이지 않는 것을 믿도록 그 눈에 들어찬 것들을 걷어내어야 한다"라고 비에이라가 말했을 때, 그는 어쩌면 복음에 대한 암시 이상의 무언가를 함의했을지도 모른다. 마찬가지로 편찬가들이 우주론적 언명의 어떤 부분들을 특정 경구—"우리의 **카라이바**가 우리에게 말해준 바에 따르면", "우리의 **파제**가 봤다고 말한 바"(Thevet 1575: 85, 99; Léry 1578: 220-21)—로 수식하는 투피남바 사람들을 묘사할 때, 이는 피안을 둘러싼 샤먼과 예언자 들이 가진 절대적 권위에 대한 인정 그 이상(혹은 차라리 그 이하)을 의미할 수도 있다.

투피남바어는 아메리카 원주민 문화에서 흔히 볼 수 있듯이 화자가 개인적으로 경험한 사건의 내레이션과 다른 사람들에게서 들은 내레이션을 구별한다.[25] 나는 투피남바 족과 여러모로 친연성이 있는 투피계 민족집단인 아라웨테 족과 함께 지낸 경험이 있는데, 이들은 모두 우주론적 지식의 창조자이자 확산자인 샤먼이라는 인물의 중심성을 공유한다. 이 경험을 통해 "우리의 **파제**가 말했듯이"와 같은 진술은 화자가 직접 경험하지 않은 이야기가 주제임을 나타내는 인용 표식이라는 것을 알게 되었다. 아라웨테 족에서는 천계에서 죽은 자들과 신들 사이에 사건이 생겨날수록 샤먼들도 늘어가는데, 이것은 자신의 감각으로 얻은 지식과 타자와의 (직접적이거나 간접적인) 경험을 통해 얻은 지식 사이의 구별과 명백히 연관된다. 이 두 가지의 지식은 동일한 인식론적

층위에 놓이지 않는다.

　나는 아라웨테 족이 '보지 않은 것은 믿지 않는다'고는 전혀 생각하지 않는다. 하지만 그들은 본 것과 들은 것을 매우 신중하게 구별하고, 이 구별은 그들이 전달하거나 요청하는 우주론적 지식정보에서 확연하게 드러난다. 나는 샤먼에 대한 그들의 믿음을 의심하지 않지만, 아마도 비에이라가 "믿게 된 이후에도 믿음이 없다"라는 구절로 묘사하는 것과 같은 방식에서 그러하다. 왜냐하면, 확실히 그들은 '말씀의 계시'와 같은 것을 가지고 있지 않고 교리 관념이 전혀 없기 때문이다. 나아가 분명 샤먼이 만들어내는 이러저러한 이야기들은 한 체계의 모든 특징을 망라하는 허초점(virtual focus)*으로 수렴된다. 그러나 나는 이것이 '믿음'의 체계라고 생각하지 않는다. 실제로 샤먼과 샤먼 담론의 증식은 어떤 정통적 교리도 견고해지지 못하게 막는다. 이단이 없기 때문에 참된 신자가 있을 수 없다. 투피남바 족이라고 다르겠는가?

　예수회가 깨달은 바와 같이 인식의 문제는 실제로 정치적인 문제였다.

> 내 생각에는 그들에게 많은 노력을 쏟아야만 할 것 같은데, 그 이유 중 가장 중요한 이유 하나는 그들에게 왕이 없고 대신 각 마을과 집마다 우두머리가 존재하기

---

*　거울에 실물이 보이는 것은 실물이 있어서가 아니라 실물의 빛이 모여서이다. 이처럼 실물이 없지만 있는 것처럼 보이게 만드는 빛의 초점을 허초점이라고 한다. 여기서는 샤먼의 이야기들이 그 민족집단의 모든 특징을 가상의 공간에 담아내고 있음을 말해준다.

때문이다. 따라서 이 동네 저 동네를 샅샅이 돌아다녀야
한다. [···] 만약 왕이 있고 그 왕이 개종을 한다면 모두가
개종할 텐데···(Correia 155: I, 231).

그들은 왕이나 추장에게 복종하지 않고 오직 힘 있는
남성이 할 법한 행위를 하는 자에게 약간의 경의를 품을
뿐이다. 이 때문에 우리가 그들을 손아귀에 넣었다고
생각한 순간 대개 그들은 달아나버린다. 그들을 무력으로
강제로 복종하게 만드는 자는 존재하지 않기 때문이다···
(Anchieta 1554: II, 114).

그런데 『이교도의 개종에 대한 대화』에서 통찰을 주는 부분이 있다.

그들 가운데 왕이 있다면 혹은 그들이 무언가를
숭배한다면 그들은 개종할 것이다. 그러나 그들은
믿음 혹은 숭배가 무엇인지 알지 못하기에, 유일신인
하느님을 믿고 숭배하며 그분만을 섬기게 하도록 만드는
복음의 전도를 이해할 수 없다. 이 이교도들이 무엇도
숭배하지 않기에, 그들에게 들려주는 모든 것들은 무로
돌아가버린다(Nóbrega 1556-57: II, 320).

그렇다. 야만인이 무엇도 믿지 않는 것은 무엇도 숭배하지
않기 때문이다. 그리고 그들이 무엇도 숭배하지 않는 것은
결국 누구에게도 복종하지 않기 때문이다. 중앙권력의

부재는 개종을 병참학(兵站學)적으로 어렵게 만들었을 뿐만
아니라, ('쿠유스 레기오[cujus regio]'가 작동하지 않았기
때문에 선교사는 도매상이 아닌 소매상이 되어야 했다.*)
무엇보다도 논리적으로도 어렵게 만들었다. 브라질 인민들은
통치자를 갖고 있지 않았고 누구도 섬기지 않았기에, 통치자
하느님을 숭배하고 섬길 수 없었다. 즉 그들의 변덕스러움은
복종의 부재에서 비롯된 것이다. "그들을 강제로 복종하게
만드는 자는 존재하지 않는다…." 폴 벤느(Paul Veyne)**가
상기시켜주듯이 믿는다는 것은 복종하는 것이다(Veyne 1983:
44). 그것은 '말씀의 계시'에 굴종하는 것이며 진리를 발산하는
원천을 숭배하는 것이고, 이 원천의 대리자를 추앙하는
것이다. 투피남바의 믿음 양식은 외래의 말씀에 전면적으로
항복할 여지가 없었다. "생명을 바칠 우상을 갖지 않았기에",
그들은 무언가를 위해 죽을 수 있는 자질을 요구하는 종교와
신앙 그 둘을 갖고 있지 않았다. 믿음 양식과 존재 양식.

---

*   라틴어로 "그 나라에 그 종교를(Cujus regio, ejus religio)"이라는 뜻이다.
1555년 종교평화협정 결과 가톨릭이나 루터교 등의 종교 선택은 제후의
결정에 따르는 법이 제정되었다. 이때 사제들은 마치 제후라는 소매상에게
종교를 넘기는 도매상처럼, 제후에게 자신의 종교를 전도하기만 하면
되었다. 그러면 제후는 자신에게 복종하는 농노들에게 자신의 종교를
되넘겼다. 하지만 아메리카 원주민들에게는 그럴 수 없었으므로 선교사들은
소매상처럼 일일이 자신의 종교를 전파해야 했다. 본문에서는 이러한
상황을 빗대어 말한 것이다.

**   폴 벤느(1930~)는 프랑스의 고고학자이자 역사학자이다. 전문 분야는 고대
로마이며, 현재 프랑스 대학의 명예 교수이다.

루이스 다 그랑(Luis da Grã)*은 철학적으로 다음과 같이 결론 내린다(Grã 1554: II, 147). "그리고 그들이 기독교도가 되는 데 도움이 될 것으로 보였던, 우상을 갖지 않았던 바로 그 점이 그들을 방해했을 것이다. 그들은 아무런 느낌을 받지 못하기 때문이다." 변덕스러움, 무관심, 공허. "이 모든 민족에게 가장 거대한 장애로 보이는 것은 그들 자신의 상태이다. 그들은 영적인 상실이든, 속세의 상실이든 어느 것도 강렬하게 느끼지 않는다. 무언가에 예민한 감성을 갖지도 않고, 가진다 한들 이를 오래 유지하지 못한다…"(Grã 1556: II, 294).

부가 설명

따라서 토착 우주론 안에서 파제와 예언자의 말씀에 맡긴다는 것은 정치-신학적 의미에서 말씀에 대한 '믿음'을 뜻하지 않았다. 왜냐하면, 그것이 결여한 것은 바로 복종의 측면, 즉 판단과 의지의 포기였기 때문이다. 프로테스탄트인 장 드 레리(Jean de Léry)는 조소적으로 다음과 같이 기술했다.

> 더욱이 우리의 투피남바는 […] 그 모든 의례를 연행하기는 하지만 무릎을 꿇거나 여타 외적 기호를 따르는 식의 숭배 행위를 하지 않는다. 카라이바나 마라카**는 물론, 그 외의

---

* 루이스 다 그랑(1523~1609)은 포르투갈 출신으로 코임브라 대학에서 수학을 공부한 후 예수회 수사가 되어 브라질에서 선교 활동을 했다.
** 남아메리카 타악기의 일종으로 샤먼이 제의에 사용했던 방울인 마라카스의 투피어이다.

어떤 피조물도 숭배하지 않는다(Léry 1578: 192).

레리가 마라카에 대해 언급한 점은 흥미롭다. 예수회 수사들이 이 야만인들에게 우상이 없다는 사실을 강조했다고 해서 야만인들이 어떤 종류의 물질적 대상화도 수반하지 않은 채 종교를 실천했다는 뜻은 아니기 때문이다. 샤먼의 방울은 명백히 주술적이고 상징적인 중요성을 가졌을 뿐 아니라, 의인화된 장식을 하고 그 소유자와 대화를 나눴다.[26] 또한 정령을 표상하는 것으로 추정되는 그림과 사물에 대한 언급도 간혹 보인다. 마찬가지로 예수회 수사들과 그 외의 편찬가들은 방랑하는 카라이바를 향한 존경의 표시에 관해 풍부한 기록을 남겼다. 기록에 따르면 그들이 마을까지 걸어온 길을 닦고 환영의 찬가를 부르며 먹을 것을 대접하고 치외법권을 부여했다고 한다. 저자들은 또한 샤먼-예언자가 자신을 불쾌하게 만든 이들을 죽음에 이르게 하는 능력을 통해 사람들에게 공포를 심어준 것에 대해서도 서술하고 있다. 당연하게도 편찬가들은 카라이바가 '신이자 신의 자식'으로서 처녀에게서 태어났다는 등의 말로 그 자신을 묘사하는 이야기를 들으면 분개했다. 그러나 유럽인의 눈에는 이런 어떤 것도 종교와 의례를 구성하기에는 불충분해 보였다. (안시에타의 표현을 빌리면) 여기에는 반드시 있어야 할 '두려움과 복종'이 부재했다. 투피남바 사람들은 이러한 사물이나 사람을 **숭배**하지 않았다. 왜냐하면, 그들은 믿음의 진정한 기초라고 할 수 있는 종교적 경애심과 두려움을 제대로 느끼는 법을 알지 못했기 때문이다.[27]

따라서 우리는 브라질 사람들의 세 가지 '구성적 부재'에 상호 인과관계가 있음을 알 수 있다. 인디오들에게 신앙이 없었던 이유는 법이 없었기 때문이며, 법이 없었던 이유는 왕이 없었기 때문이다. 그들의 언어에는 소리(F, L, R의 발음)*도 의미도 없었다. 참된 믿음은 지배에 대한 지속적인 복종을 전제하고, 이는 결국 군주에 의한 강압의 행사를 전제한다. 왕이 없었기 때문에 그들은 사제들을 믿었다. 이와 같은 (터무니없는) 논리로—왕이 없었기 때문에—그들은 믿을 수 없었다. 그래서 엘렌 클라스트르의 잘 알려진 테마를 상기해보면, 국가에 대한 그들의 거부는 오직 사회적 질서를 거부하는 예언자적 담론에서만, 혹은 주로 그 담론에서만 나타난 것이 아니었다(H. Clastres 1975). 이 거부는 모든 담론, 즉 전체화를 주장하는 이성의 질서에 대한 사람들의 관계에 이미 내재하고 있었다.[28] 그리고 그것은 **카라이바**의 말씀을 포함했다. 투피남바 사람들은 예언자들과 사제들이 시키는 것은 무엇이든 했다. 자기들이 원하지 않는 것은 빼고. 여기서 주의해야 할 것은, 내가 투피남바 사람들을 회의적 경험론자들로 보지 않는다는 점이다. 또 문화를 믿음 체계에 흡수 통합하는 것은 부적절하다는 나의 주장이 반드시 실천이성의 공리주의(살린스[Sahlins 1976]가 말한 의미에서**)로 이어진다고 생각하지 않는다는 점이다. 나의

---

* fé, lei, rei는 포르투갈어로 각각 신앙, 법, 왕을 의미한다. 14쪽 각주 참조.
** 마셜 살린스(Marshall Sahlins)는 개인에게 행동의 근거나 원리를 제공하는 칸트의 실천이성(practical reason)이 한 집단의 문화형식 속에서는

주장은 그저 "**이교도의 영**(*génie du paganisme*)"(Augé 1982)은 믿음의 신권정치적(theocratic) 언어로 말하지 않는다는 것이다. 피에르 클라스트르는 좋은 질문을 던졌다. 강압의 행사에 기반하지 않은 정치권력을 상상할 수 있을까? 그래, 그렇다면 이렇게 질문해보자. 믿음이라는 규범적인 경험에 기초하지 않은 종교 형태를 상상할 수 있을까? 이 두 질문은 완전히 같은 문제일 수 있다. 그런데 첫 번째 질문에 대한 피에르 클라스트르의 대답은 '원시 사회'의 발명, 다시 말해 강압적이지 않은 정치권력의 초월적 주체의 발명이었다. 그에 반해 두 번째 질문의 대답은 이 주체를 근본적으로 문제시하는 것, 다시 말해 주체의 근본적인 탈초월화를 함의할 수 있다.

이 문제의 핵심은 '종교적인 것'이 문화의 궁극적인 본질에 가닿는 왕도라는 관념에 있다. 우리는 이러한 가정의 배후에 뒤르켐 학파의 우상인 총체성을 발견한다. 요컨대 부족의 고유한 믿음은 부족의 존재에 대한 믿음, 즉 전체를 상상하고 구성하려는 충동이다. 그것은 부족의 존재이자 존재의 보존이다. 야만인이 그러한 우상을 숭배한다는 것을 의심하는 것은 외부 배제라는 근본적인 행위로써 제도화되는, 재귀적이면서도 동일성에 의해 견지되는 총체성으로서의 사회라는 관념에 의문을 던지는 것이다. 그리고 이 의심을

공리주의적 성격을 갖게 된다고 주장한다. 개인이 자신의 관심과 이익을 위해 행동할지라도 그 행동의 문화적 형식으로 인해 공리가 실현될 수 있다는 것이다. 여기서 문화는 믿음 체계에 의해 작동된다기보다 집단 구성원의 실천이성에 의해 제도화된다.

포스트모던에서만 할 수 있는 것은 아니다(결단코!). 전쟁과 족외식인* 복합체에 근거한 투피남바의 종교는 우리(socius)가 타자와의 관계를 통해서 스스로 구성되는 형식, 다시 말해 타자를 포섭하기 위해 자기 스스로를 떠나는 것이 요구되는 방식의 형식을 투사했다. 외부는 내부화의 과정과 부단히 얽혀 있었고, 내부는 밖을 향하는 운동 이외의 그 무엇도 아니었다. 이 위상학은 총체성을 알지 못했다. 그것은 자기 경계를 강박적으로 보호하고 자기와의 일치를 위한 변별적인 거울로서 외부를 이용하는 모나드나 정체성을 전제하지 않았다. 여기서 사회는 문자 그대로 "포식의 하한선"(Lévi-Strauss 1984: 144)이며 소화 불가능한 나머지였다. 그것을 움직인 것은 밖과의 관계였다. 타자란 거울이 아니라 목적지였다.

이 부정(不正)의 인류학을 주장하기 위해서 내가 문화적인 질서나 투피남바 사회, 혹은 종교와 같은 것이 존재하지 않을 수 있다고 말하는 것은 아니다. 내가 지적하는 것은 오직 이 종교가 믿음이라는 범주의 관점에서 틀지어지지 않는다는 것, 이 문화적 질서가 다른 질서들을 자동적으로 배제하는 것에 기초하지 않는다는 것, 이 사회가 타자성을 내재화하는 관계 너머에 존재하지 않는다는 것이다. 내가 말하는 바는

---

*   족외식인(exocannibalism)은 같은 부족의 성원이 아닌 다른 부족의 '적'을 먹는 것을 일컫는다. 반면 족내식인(endocannibalism)은 같은 부족의 구성원을 먹는 식인 관습을 말한다. 보통 족내식인은 장례 방식의 하나로 연행된다.

투피남바 철학이 본질적인 존재론적 불완전함을 확증한다는 것이다. 사회성의 불완전함, 일반적으로는 인간성의 불완전함 말이다. 그러니까 문제는 내부성과 동일성이 외부성과 차이에 위계적으로 종속된, 생성과 관계가 존재와 실체보다 우위에 있는 질서였다. 이러한 유형의 우주론에서 타자는 문제―유럽의 침략자들은 타자를 문제로 삼았지만―이전에 해답이다. 은매화는 대리석이 알 수 없는 논리들을 가지고 있다.

부가 설명

그럼에도 불구하고 예수회 수사의 눈에는 야생의 변덕스러움이 천박한 사욕의 거슬리는 모습으로 나타난다. '믿느냐, 믿지 않느냐'는 질문에 대하여 이교도들은 그와 결부된 물질적 이득에 한해서만 답할 수 있었다.

> [로욜라] 신부여, 이 민중들은 신앙 전반을 논하더라도, 어떤 논리나 설교 말씀으로도 개종되지 않는다. […] 백인들이 접근해서 그들을 개종시키는 방법은 신앙 전반에 관한 어떤 복음도 없는 세속적인 편의를 약속하는 것이다…(Grã 1554: II, 137).

그리고 만약 그들과 함께 해온 6년 동안 그들이 우리에게 선함의 어떤 징표나 희망을 주었다면, 이득이 있거나 이득이 있을 것이라 기대했기 때문이지 그들 마음속에 있을지도 모를 신앙의 열정 때문은 아니다(Nóbrega 1555: II, 171).

처음에 우리의 예비 세례자들이 신앙과 정직성의 징표를 확실하게 우리에게 주었다는 것은 틀림없다. 그러나 그들은 신앙보다도 이익에 대한 기대나 무언가를 뽐낼 심산으로 움직이기 때문에 굳건함이란 없었다. 무엇보다 그들은 기독교도를 전혀 두려워하지 않으며 어떤 마음의 갈등도 없이 토해낸 것들로 되돌아간다(Anchieta 1555: II, 208).

무엇보다 최악은 그들이 내 막사를 방문할 때, 그들에게 줄 낚싯바늘만 있어도 그들 모두를 개종시킬 수 있다는 것이며, 다른 것들로도 그들을 개종하게 할 수도 안 하게 할 수도 있다는 것이다. 왜냐하면, 그들은 변덕스러우며 참된 신앙이 그들 마음속에 자리 잡을 수 없기 때문이다(Nóbrega 1556-57: II, 320).

처음에 예수회 수사들은 순수한 영혼의 매수라고 간주한 방식을 거부했지만, 오래지 않아 설득과 통제의 형식으로서 경제적인 위협을 활용하게 되었다.

이교도들은 새로이 개종한 자들을 대단히 부러워했다. 왜냐하면, 그들은 개종한 자들이 통치자와 여타 지도자들로부터 얼마나 사랑받는지를 보았기 때문이다. 만약 우리가 그들에게 세례를 베풀기로 한다면 그들 대부분이 찾아올 것이다. [하지만] 우리는 그들이 세례받기에

적합한지, 몸에 밴 악습을 회개하고 헌신하러 오는 것인지,
그리고 또한 그들이 퇴보하지 않을 것인지 알기 전까지는
세례를 베풀지 않을 것이다(Pires 1551: I, 254).

나는 이곳의 몇몇 인디오 지도자들에게 내가 우리의 왕,
곧 신에게 크고 작은 칼을 인디오들에게 주지 말아달라고
부탁했다고 이야기했고 […] 신은 그렇게 했다. 왜냐하면,
그들이 기독교도가 되기 전까지 신이 창조한 좋은 것들을
신을 모르는 자들에게 주는 것은 타당하지 않기 때문이다.
[…] 모든 해안 지역과 마찬가지로, 상비센치에서 가장
안전하고 확실한 방법은 그들을 궁핍한 상태로 놔두는
것이다. 그래서 그들이 기독교도가 되는 것 외에는
농기구를 얻을 방법이 없다는 것을 분명히 깨닫도록 해야
한다(Correia 1553: I, 444-45).

정리해보자. 이교도들은 변덕스러웠을 뿐만 아니라
이데올로기적 궁금증으로 인해 세속적인 재화에 대한 탐욕에
이끌렸다. 인디오에 대한 부정적인 이미지 구성물―자질구레한
장신구 한 줌을 위해서라면 무엇이든 할 수 있는 경박한 주체―에서
가장 많이 언급되는 또 하나의 테마가 여기 있다. 이 테마는 선한
관찰자들의 악몽에 지속적으로 출몰한다. 관찰자들이란 인류학자,
토착민 옹호자, 진보파 교회의 선교사 들이다. 이들은 '자신의'
인디오가 토착 문화라는 더 높은 가치의 이름으로 그들을 낚은
낚싯바늘을 스스로 거부하는 것을 보고 싶어 한다. 이에 대한
합리화의 일환으로서 유럽 도구의 기술적인 우월성이라는 논제로

빠져나가는 것은 흔한 일이다. 유럽 도구의 거부할 수 없는 매력은 문화적 자부심과 진실성의 대리석을 부식시킨다. 야금술을 모르는 사람들에게 '크고 작은 칼'이 제공해주는 물질적 편의는 분명하며,[29] 나는 이를 의심할 생각은 없지만 이 설명이 범상한 공리주의를 표현하고 또 결국은 예수회 수사 등의 판단에 동조하는 것이라고 생각한다. 다른 가능성—양보해도 괜찮은 것들(혼이나 구성된 권력의 승인 같은 것)을 내어주고 귀중한 것들(금속제 도구나 평화 같은 것)을 얻어가는 전략적 위장으로서, 원주민의 '금품수수'와 '천박성'을 보는 것—이 완전히 틀린 것은 아니지만 내게는 불충분해 보인다. 물론 많은 토착 부족들은 백인에 대해, 피상적인 몸짓을 보여주고 경이로운 물건을 뜯어낼 수 있는 모자란 천재(idiots savants)로 여겨왔고 지금도 그렇다. 다른 많은 부족들은 자기들을 내버려둔다면야 자기들에 대해 그렇게 떠드는 것쯤은 감수한다.[30] 그런데 이 논의는 문화가 여러 겹의 반질거리는 표면 밑에 보존해야 할 어떤 것으로서 정적이고 물상화된 개념이라는 것을 내포한다. 그뿐만 아니라 많은 경우 '양보'가 실재했고, 유럽의 물건과 가치의 도입이 현지의 사회구조에 심대한 영향을 끼쳐왔다는 점을 놓치고 있다. 비록 토착의 문화적 목적에 의해 침략자의 물건들이 불가피하게 도입되었다 해도 그 [원주민과 유럽 물건의] 관계는 자기-계몽적인 도구주의라는 관점만으로 뚜렷하게 이해할 수 없다는 점 또한 이 논의는 잊고 있다. 무엇보다도 이 논의는 외래문화가 종종 전유되고 길들여지는 가치로서, 또 그러한 것으로 상정되고 실천되는 기호로서 총체적으로 상상된다는 사실을 무시한다.

투피남바 사람들이 "우리[유럽인]와 같은 기독교도가 되려는"

욕망을 표현할 때 가장 그들다웠다는 이 말은 단순히 변증법적인 선회를 뜻하지 않는다. 그들이 개종하고자 하는 희망을 표명하면서 그들이 원했던 실질적인 이득은 '야생의 산술'(Sahlins 1985) 속에 감춰져 있었다. 즉, 백인처럼 되는 것—그리고 백인의 존재—은 토착의 상징 시장에서 누구나 손에 넣을 수 있는 가치였다. 유럽의 도구들은 그것의 명백한 유용성을 넘어서, 외재성이라는 힘의 기호이기도 했다. 이것들은 문헌, 의복, 선교사들의 의례적인 몸짓과 마찬가지로 유럽인들이 퍼뜨렸던 색다른 우주론을 포착하고 통합하고 유통시키기 위해 반드시 필요했다. 나아가 더 정확히 말하면, 그것들은 먹어치운 적들의 인격 안에 있는 가치들과 마찬가지였다. 즉 투피남바 족은 언제나 '소비사회'였다. 이형태적(異形態的, allomorphic)* 혹은 이질조형적(異質造形的, alloplastic)**이라고 할만한 투피 사람들의 충동은 소외의 정념 혹은 주인과 노예의 거울 관계와 크게 다르지 않다. 이는 일반화된 식인주의의 필수적인 대응물로, 제국주의자나 서구중심주의자 등에서 나타나는, 타자를 전멸시키고자 하는 광란과 근본적으로 다르다. 투피의 식인(person-eating)을 단순히 다른 사람을

---

*   언어학에서 이형태란 최소단위의 형태소가 의미는 변하지 않은 채 여러 다른 형태소와 결합하면서 모양이나 발음이 변하는 것을 가리킨다.
** '이질조형적(alloplastic)'은 헝가리 출신의 정신분석학자 샨도르 페렌치(Sándor Ferenczi)가 처음 사용한 용어로서 정신적 상해를 입은 자아가 자기를 해체하거나 재구축하지 않고 외부 환경의 이질적인 재료들과 자기를 꿰어 맞추는 상태를 가리킨다. 들뢰즈는 여기서 더 나아가 자아가 타자를 지향하며 타자와 자기를 조합해가는 상태로서 이 용어를 사용한다.

(상징적으로든, 정치적으로든, 어떤 형태로든) 제어하려는 욕망이라고 해석하는 것은 이러한 이중의 양상과 이중의 운동을 간과하는 것이다. 타자를 흡수 통합하는 것은 타자의 타자성을 걸쳐 입는 것이다. 물론, 인디오들의 전형적인 변덕스러운 방식으로 말이다. '백인 그리고 기독교도 되기'라는 투피남바 사람들의 관념은 선교사들이 원한 것과 전혀 일치하지 않았다. 결국 그들[투피남바 사람들]은 "사람을 강권하여 내 집을 채우라"는 충격요법을 증명해 보였다.[31]

2부
투피남바는 어떻게 전쟁에 패했는가?

사제들의 종말론적인 설교는 혼의 불멸성, 현세에서 누린 삶의 질에 따라 달라지는 내세, 묵시록적인 대화재(大火災) 등 몇 가지 점에서 현지의 관념과 일치했다. 그러나 올바른 길에 대한 기독교적인 이해와 토착적인 이해 각각에 내포된 명령은 원칙적으로 불일치했다. 핀다부수가 말한 대로 전쟁과 복수는 곧 남자다움을 뜻했다. 복수의 명령은 해안 지역 사람들의 사회적 기계를 떠받쳤다. "투피남바 족은 매우 호전적이기에 그들 삶의 토대는 상대편에 맞서 어떻게 전쟁을 만들어낼 것인지와 연관되어있다"(Soares de Souza 1587: 320).[32] 여기에는 현지인의 변덕스러움과 반대되는 것이 있다. 인디오들이 적어도 한 영역에서 매우 철저하게 일관적이며 또 어떤 것에 대해 "오래 견지할 만한 세심한 감정"을 품고 있었다면, 그것은 복수에 관한 모든 사태와 얽혀있었다.

그들은 서로 전쟁을 한다. 즉 10, 15 혹은

20레구아(legua)* 떨어진 민족과 또 다른 민족이 싸우기 때문에 그들은 서로 갈라져 있다. […] 그리고 그들의 모든 명예는 두 가지로 나뉜다. 하나는 많은 아내를 가지는 것이고 또 하나는 상대편을 죽이는 것이다. 이 두 가지야말로 그들을 행복하게 하고 또 그들이 바라는 바다. […] 그리고 그들은 강한 탐욕 때문이 아니라 […] 오직 증오와 복수를 위해서 전쟁을 한다…(Nóberga 1549: I, 136-37).

친척을 모두 불러 모아서 복수를 하려 한다. 복수는 가장 큰 명예다. 왜냐하면, 곧 세상을 떠나려는 자는 적의 고기를 자신에게 먹여주기를 바라기 때문이며, 그들은 그렇게 함으로써 그에게 위로를 줄 수 있기 때문이다. 또 잠자는 해먹의 머리 두는 데에 인간의 살을 한 점 가져다 놓는 것을 큰 명예로 본다…(Rodrigues 1552: I, 307-08).

그리고 그들을 가장 맹목적으로 만드는 것은 복수에 대한 만족할 줄 모르는 욕구이며, 그들의 명예는 이 복수로부터 성립된다…(Grã 1554: II, 132-33). 그들의 거의 모든 사고와 관심을 쏟아 담는 전쟁… (Anchieta 1560: III, 258-59).

* 레구아는 유럽의 옛 거리 단위이다. 1레구아는 사람이 한 시간 동안 걷는 거리를 뜻하며, 보통 3마일이나 5280야드로 추정된다. 미터법으로 환산하면 약 5킬로미터이다.

[전쟁에 임하기 전에 지도자는 사람들에게 연설을
장황하게 늘어놓는다.] 그들은 상대편에게 복수하러 가야
할 의무에 대해, 전쟁에 돌입하여 용감하게 싸울 의무에
대해 말한다. 또 지도자는 어떤 위험도 없이 적에게서
승리할 것을 약속하며, 이 모든 것들은 후세 사람들의
기억에 남아 그들을 찬양하는 노래로 울려 퍼지리라는
것을 약속한다…(Soares de Souza 1587: 320).

브라질 민족은 목숨을 바칠만한 우상이 없었다. 그렇지만 그들은 다른 것을 위해 죽었고 죽였다. 바로 '뿌리 깊은 관습'을 위해서였다. 이것은 왜 그들의 관습이 예언의 샤먼들보다 개종에 더 근본적인 장애물이었는지를 말해준다. 전사의 복수는 모든 악습의 근원에 자리한다. 식인, 일부다처, 만취, 이름 수집, 명예. 이 모든 것들이 복수의 테마를 중심으로 돌아가는 것처럼 보인다. **카라이바**의 연설이 본질적인 규칙을 폐지해서 마치 **코뮤니타스**(*communitas*)*처럼 사회질서를 유예할 것, 즉 혼인 규칙과 촌락의 농경 생활을 포기할 것을 설파했을 수 있다. 그러나 이 급진적인 연설조차 전사의 모험심을 유지하고 고취했다는 것을 눈여겨볼 필요가

---

*   코뮤니타스는 영국 출신의 상징인류학자 빅터 터너(Victor W. Turner)가 제기한 용어다. 그는 사회를 구조와 반구조의 반복적 이행을 통해 안정과 혼란을 왕복하는 사회적 드라마의 관점에서 접근했다. 반구조 상태에서는 이도 저도 아닌 애매한 시간과 상태가 나타나는데, 터너는 이 과도기적 교란 속에서 전복된 구조와 상징 질서로 사회적 관계를 생성하는 공동체가 등장할 수 있음을 주장하였고, 이때의 공동체를 코뮤니타스로 정의했다.

있다. 악 없는 땅은 전쟁을 배제한 것이 아니라 오히려
강화했다. 예언자들의 약속에 등장하는 전형적인 세 가지
요소를 떠올려보자. 장수, 노고 없는 풍요, 적에 대한 승리.
샤머니즘은 전쟁과 결정적으로 이어져있었다. 테베에 따르면
"파제와 카라이바는 신탁을 전하는 오라클*처럼 그들의
일, 특히 전쟁과 같이 인민들이 주로 관심을 두는 일을
예측한다"(Thevet 1575: 77). "파제가 염두에 두고 정령에게
묻는 가장 중요한 사안은 바로 전쟁에 관한 것이다…"(Thevet
1575: 82).[33]

복수라는 진홍빛 실은 투피남바 남녀의 삶과 죽음을
관통한다. 남자아이는 태어나자마자 작은 활과 화살 그리고
재규어와 독수리 발톱으로 만든 목걸이를 선물 받는다.

> 이 사람들은 그가 덕망 있고 용맹할 수 있도록 적들과
> 영원히 전쟁을 벌일 것을 맹세하라고 촉구했다. 더군다나
> 이 사람들은 그가 한 번이라도 전쟁한 적들과 절대로
> 화해하지 않기를 바란다. […] 여자아이라면, 사람들은
> **카피구아레**(*Capiigouare*, **카피바라****)라고 하는 동물의

---

*   오라클(oracle)은 라틴어로 '말하다'라는 뜻을 갖는다. 그리스 시대에
    오라클은 신이 인간에게 말하는 통로였으며, 인간의 목소리 외에도
    동식물의 표식 등 다양한 형태가 있다. 신의 뜻을 인간에게 전하는
    예언자로서 '오라클'은 세계 곳곳의 문화권에서 종교의 한 요소로 등장한다.
** 과라니어로 '초원의 지배자'라는 뜻을 가진 카피바라는 남아메리카에
    서식하는 설치류의 일종을 가리킨다. 카피바라는 설치류 중에서 가장
    몸집이 크다. 초식동물로서 호수, 강가, 습지 등에 서식하며 목초와 과일

이빨을 아이의 목에 걸어둔다. […] 아이의 치아를 더 튼튼하고 강하게 만들어 그들의 고기를 먹게 하기 위해서라고 한다…(Thevet 1575: 50).

'그들의 고기'가 포로의 살을 뜻한다고 하면 너무 과한 추정일 수 있다. 그러나 초경 의식에서 소녀는 의례의 일부로서 카피바라의 이빨로 만든 목걸이를 착용한다. "**카우잉**(*Kaouin*)이라고 불리는 음료수를 씹어서 만들 수 있을 만큼 치아를 더 강하게 하기 위함이다"(Thevet 1575: 207). 이는 전쟁 복합체(the warrior complex)에서 남녀가 담당할 주요 활동의 성 역할을 표시하는 것 같이 보인다. 남성은 적을 잡아 죽이는 일을, 여성은 식인 연회의 필수적인 구성요소인 카우잉(cauim, 사춘기 여성이 마니옥을 씹어서 술로 발효시킨 알코올 음료) 만드는 일을 맡는다.[34]

여성의 초경 의례에 대응하는 남성의 통과의례는 포로의 처형의식이었다. 소년은 포로를 죽이고 이름을 바꾸지 않으면 혼인해서 아이를 가질 자격이 없다고 여겼다(Anchieta 1585: 434; Cardim 1584: 103; Monteiro 1610: 409). 한두 명의 적을 잡아와 자신의 아명(兒名)을 바꾸지 않은 남자에게 딸을 내어줄 어머니는 없었다(Thevet 1573: 134). 그러므로 집단의 재생산은 이념적으로 적의 포획과 의례적인 처형 장치, 즉 전쟁의 엔진과 관련이 있었다. 남자는 결혼하면 아내의 부모와 형제들에게 포로를 선물해야 했고, 그 덕에 남자의 인척은 복수를 해서

등을 섭취한다.

새로운 이름을 얻을 수 있었다. 혼인에 의한 이 급부는 남자가 처가살이를 하는 '노예 상태'에서 벗어나기 위한 요건 중 하나였던 것 같다.[35]

남자들은 포로를 전쟁에서 사로잡아 처형함에 따라 이름과 명성을 축적해갔다.

> 그들에게 행복은 사람을 죽이고 이름들을 얻는 것이며, 그들은 이 영광을 위해 최선을 다한다…(Nóberga 1556-57: II, 344).

> 남성은 수많은 적을 포획하고 죽이는 것을 가장 큰 명예로 여기는데, 그러한 행위는 관습적이다. 그들은 자신들이 죽였던 적의 수만큼 이름을 가지고 있고, 그들 중 가장 고귀한 자는 많은 이름을 가진 자이다(Staden 1557: 172).

> 이 사람들에게 인생의 모든 명예와 즐거움 중 적수들을 죽여 그 머리통으로부터 이름을 얻는 것만큼 커다란 것이 없다. 또한 그들은 성대한 의식을 통해 적을 죽이는데, 이 죽음을 위해 열리는 연회에 필적하는 잔치는 없다… (Cardim 1584: 113).

> 이 민족이 가지고 있는 가장 거대한 욕구 중 하나는 적을 죽이는 것이며, 이를 위해 그들은 극단으로 치닫는다. […] 그들 사이에서는 자신들이 죽인 상대에게서 새로운

이름을 얻는 것이 최고의 명예이자 행복이기 때문에, 용감하다고 인정받기 위해 그렇게 한다. 일부는 백 개 혹은 그 이상의 이름을 획득해내기도 한다…(Monteiro 1610: 409).

이러한 이름들은 용맹의 위업에 대한 기억이며 투피남바 명예의 본질적인 기호이자 가치이다. 그것은 반흔문신(瘢痕文身, scarification)*, 안면 피어싱과 장식물 삽입, 공중 앞에서 연설할 권리, 아내의 축적 등을 포함하는 집합체의 부분이다. 호화로운 일부다처는 추장 혹은 위대한 전사의 자질로 여겨졌던 것 같다. 포로, 기호, 여성, 사위의 축적. 전사의 명예를 통해 처가에 대한 의존상태에서 벗어난 남자는 이 굴레를 자신의 젊은 사위, 그러니까 자신의 아내들이 낳은 딸들의 남편들에게 씌울 수 있게 된다. "이처럼 많은 딸을 가진 남자는 딸들을 통해 얻은 사위들에게 존경받는다. 그리고 사위는 장인과 처남에게 항상 종속되어 있다…"(Anchieta 1584: 329).[36]

더욱이 현세에서 전사로서의 기량이 명예의 조건이었다면, 그것은 또한 피안에서의 안락한 생활에도 필수적이었다. 용감한 자만이 낙원에 접근할 수 있었고 겁쟁이의 혼은

---

*   반흔문신은 신체 일부에 칼집을 내거나 태울 때 형성되는 켈로이드를 이용해 문양을 만들어내는 것을 가리킨다. 멜라네시아, 남미, 동남아시아, 오스트레일리아 등지의 소수민족에게서 볼 수 있다. 주로 추상적이고 기하학적인 문양이 채택되며, 민족에 따라 선호되는 문양이 다르고 그 의미도 다양하다. 입사식에서 통과의례의 하나로서 행해지는 경우가 많다.

아냥(Anhang)이라고 불리는 악령들과 함께 비참하게 이승을 떠돌 운명에 처했다(Thevet 1575: 84-5; Léry 1578: 185; Abbeville 1614: 252; Métraux 1928: 111-12; Fernandes 1949: 285).[37] 그뿐만이 아니다. 적들을 죽임으로써 달성한 복수가 용맹한 삶에 대한 표식이라고 한다면, **'칼로스 타나토스**(*kalos thanatos*)'*는 전투 중에 당한 죽음이었고, 그중 최고는 마을 한복판에서 의례적(ceremonial) 처형의 희생자가 되는 것이었다. 포로와 '희생자'는 용감함과 고고함으로 이 모든 것들을 견뎌야 했다.

> 서로를 잡아먹는 이러한 악행은 그들에게 큰 손상을 입혔다. 그래서 며칠 전에도 나는 그들이 잡아먹기 위해 살찌운 한두 명의 포로에게 살고 싶냐고 물었다. [그러나] 이 포로는 자기를 잡아먹으려는 그들에게, 자신을 내게 넘기지 말아 달라고 간청했다. 왜냐하면, 그는 용맹한 우두머리인 채로 죽음을 맞이해서 그의 명예를 지키길 원했기 때문이다(Azpiculeta 1551: I, 279).

> 그들은 모든 의식을 집행하는 내내 적수들이 용맹하고 의연하다고 적수 본인들을 설득한다. 그리고 만약 적수들이 죽음에 대한 두려움에 의식이 집행되기를 거부하면 나약하고 겁이 많은 자라고 부른다. 그 결과, 본인들이 보기에 형편 없는 평판을 얻지 않기 위해서,

---

* 그리스어로 고귀하고 아름다운 죽음을 뜻한다.

죽음을 앞둔 적수들은 보지 않고는 믿기 힘든 행동을 한다. 그들은 무감각한 사람처럼 먹고 마시고 느긋한 태도로 육신의 환희를 즐긴다. 그 느긋한 태도를 본 사람이라면 그들이 곧 다가올 죽음에 대해서 들어본 적도 없을 것이라고 생각할 정도다(Blázquez 1557: II, 386).

여기에 서로 얽혀있는 두 모티프가 있다. 하나는 종말론적이고 개인적인 수준에 대한 것이고, 다른 하나는 사회학적이고 집합적인 수준에 대한 것이다. 적에게 삼켜지는 것은 매장과 시체의 부패에 대한 혐오스러운 공포를 담고 있는 투피과라니 우주론의 특징적 테마와 연관된다.

포로들조차 자신들이 고귀하고 숭엄한 일을 하고 있다고 믿고 있으며, 이 일은 죽음을 영광스럽게 맞이하는 것이라고 생각한다. 왜냐하면, 그들이 말하길, 무덤 안에서 엄청 무겁게 느낄 흙의 무게를 떠받치고 있어야 하는 것은 소심한 혼에게나 어울리는 일이지 전쟁에서의 죽음과는 맞지 않기 때문이다(Anchieta 1554: II, 113).

그리고 어떤 이들은 먹힌다는 것이 너무 기뻐서, 노예로서 목숨을 보전하는 것에는 결코 동의하지 않을 것이다. 그들은 죽고 난 뒤 썩은 내를 풍기며 짐승에게 먹히는 것을 슬픈 일이라고 말하기 때문이다(Cardin 1584: 114).

자코메 몬테이루(Jácome Monteiro)*는 '이교도의 징후'를 상기시키면서, 원정 용사의 사기를 꺾는 것 중 하나는 운반 식량의 부패라고 보고한다.

> 조리된 고기에 구더기가 끼어있으면—이 땅의 대단한 열기로 인하여 이러한 일은 매우 쉽게 일어난다— 그들은 고기가 구더기에 잠식된 것과 똑같은 방식으로 적들이 자신들을 먹지 않고 다만 죽여서 구더기로 가득 차게 만들 것이라고 말한다. 이것은 이 야만인들 사이에서 최대의 불명예이다(Monteiro 1610: 413).

우리는 포로와 포획자 사이에 공모관계가 있음을 알 수 있다. 이 관계에 의해 투피남바 사람에게 가장 이상적인 적은 다른 투피남바 사람이다. 게다가 적이 아직 투피남바 사람이 아닌 경우 이 포로를 투피남바 족의 이미지에 합치된 존재로 변형하려고 노력하고, 이 노력은 적을 감금하고 처형하는 다양한 양상으로 입증된다. 유럽인의 경우에는 신체와 얼굴의 털이 다 뽑혀나가고 원주민 스타일로 온몸에 색이 입혀진다(한스 슈타덴[Hans Staden]의 사례가 그러했다). 포로는 그들의 포획자와 함께 춤추고 식사를 하고 술을 마셔야

---

* 자코메 몬테이루(1574~1629)는 포르투갈 출신의 예수회 수사이자 작가이다. 1607년 마누엘 지 리마(Manuel de Lima)의 비서관으로 브라질을 방문하여 원주민의 관습과 다양한 동식물중에 관한 보고서를 작성하였다. 1610년 포르투갈로 돌아왔으며, 1628년 로마에 검찰관으로 갔다가 그 이듬해 사망했다.

했고, 때로는 그들과 전쟁에 동행해야 했다. 나아가 포로에게 아내를 주는 것, 즉 그를 '매부'로 받아들이는 것에 대해서 나는 이것이 적을 사회화하기 위한 체계로 설명되어야 한다고 생각한다. 투피남바 사람들은 자신들이 죽이고 먹게 될 타자가 스스로에게 무슨 일이 일어나고 있는지 이해하고 또 그것을 바라는 온전한 한 사람으로 확실하게 규정되길 원했다.

적들에게 죽임을 당하고 잡아먹히는 것은 부패하기 쉬운 사람의 일부를 승화시켜 달성하는 불멸화(immortalization)다. 이것이 이렇게 범-투피계의 문제설정 맥락에서 이해되어야 한다는 점(H. Clastres 1975; Viveiros de Castro 1986), 또 투피남바 족의 족외식인(exocannibalism)이 직접적으로 하나의 장례 체계였다는 점은 의심할 여지가 없다. 그러나 투피남바 사람들이 적을 먹어치운 것은 애도가 아닌 복수와 명예를 위해서였다는 것도 분명하다. 여기서 내가 근본적이라고 생각하는 사회학적인 동기와 마주한다. 이 동기는 부패하는 것과 부패할 수 없는 것에 관한 인격론적인 테마보다도 더 깊은 어떤 것—그리고 개종을 위한 선교사들의 노력에 식인주의 이상으로 저항한 어떤 것—을 가리킨다. 적의 죽음과 적의 손에 의한 죽음을 허락한 것은 바로 복수의 영속화 자체였다.

> 그리고 그들이 간신히 적의 살을 먹고 난 후에, 그들의 증오는 영원히 확고해진다. 왜냐하면, 그들은 이 모욕을 강하게 느끼기 때문이다. 그래서 그들은 항상 서로에게 복수를 하고 다닌다…(Gandavo 1576: 139).

먼저 알아야 할 것은 그들이 전쟁을 벌이는 이유는 땅을 수호하거나 확장하기 위해서도 아니고 적의 전리품을 통해 부유해지기 위해서도 아니며 오로지 명예와 복수를 위해서라는 점이다. 그들은 가까운 부족이든 먼 부족이든 자신을 모욕했다고 판단할 때마다, 또 적에게 잡아먹혔던 조상이나 친구들을 기억할 때마다, 서로 흥분해서 전쟁에 뛰어들었다…(Abbeville 1614: 229).

타인의 손에 의한 죽음은 훌륭한 죽음이었다. 앙갚음할 수 있는 죽음, 즉 정당화할 수 있고 복수할 수 있는 죽음이었기 때문이다. 그것은 의미 있는 죽음이며 가치와 인격을 만들어낼 수 있는 죽음이었다. 앙드레 테베는 죽음이 자연적인 숙명에서 사회적인 필연성으로, 사회적인 필연성에서 개인의 덕으로 전환되는 과정을 잘 표현하고 있다.

포로가 [자신이 곧 처형되고 먹힌다는] 소식을 충격으로 받아들인다고 생각하지 말라. 그는 자신의 죽음이 명예로우며, 고향에서 전염병으로 죽는 것보다 훨씬 좋다고 생각하기 때문이다. (그들이 말하기를) 사람을 괴롭히고 죽이는 죽음 자체에 대해서는 복수를 할 수가 없지만, 전쟁 도중에 학살된 자의 원수는 충분히 갚을 수 있다(Thevet 1575: 196).

그렇기에 복수는 단순히 인디오의 공격적인 기질이나, 과거의 공격을 용서하고 잊을 수 있는 능력을 병적으로 결여한

결과물이 아니었다.[38] 반대로, 복수는 정확히 기억을 생산하는
제도였다. 그러니까 기억은 적과의 관계 그 이상도 이하도
아니었다. 여기서 개인의 죽음은 사회체(social body)의 긴
수명에 도움을 주었다. 따라서 개인 부분과 집단 부분의 분리,
명예와 공격의 기묘한 변증법이 생겨난다. 적의 손에 죽는 것은
전사에게 명예지만 전사의 집단에게는 명예의 모독이었고
맞대응의 필요를 부과했다.[39] 결과적으로 자기 생성을 통한
사회 보존의 약속으로서 명예가 복수의 동기가 될 수 있었다.
적들을 묶는 필멸의 증오는 상호 필수 불가결함의 표시였다.
족외식인의 이 시뮬라크르는 개인을 소모함으로써 그 집단이
자신의 본질을 유지하도록 했다. 이것은 곧 타자에 대한
그러한 집단의 관계성이며 필수적인 **코나투스**(*conatus*)*로서의
복수다. 불멸은 복수에 의해 획득되었고, 불멸의 추구는 복수를
낳았다. 적의 죽음과 자신의 불멸 사이에 모든 사람의 궤적,
그리고 여기에 모든 이들의 운명이 놓여있다.

---

* 코나투스(conatus)는 라틴어로 '노력'을 뜻한다. 스피노자 철학에서
코나투스는 자신의 존재를 보존하고자 하는 노력으로 정의된다. 스피노자의
『에티카 *Ethica*』 3부의 정리6에 따르면, "각각의 사물은, 자신의 능력이
미치는 한, 자신의 존재를 끈질기게 지속하려고 노력한다"(황태연 옮김,
비홍출판사, 2015: 168). 스피노자에게 이 존재 유지의 노력은 사물의
'현실적인 본질'로서 나타난다.

시간을 이야기하다

기억을 돕는 복수의 기능을 가장 잘 이해할 수 있는 맥락은
포로와 포로를 죽이려는 자가 주고받는 의례적인 대화에
있다. 포로의 희생제의는 '언어/지적인(logical)' 것과
'식인적인(phagic)'* 것이라는 명확히 구별된 두 차원을 따라
행해졌다. 투피남바 족의 식인 인류학(cannibal anthropology)은
무엇보다 대화를 주고받듯이 거행되는 인육식(人肉食),
즉 포로의 처형이라는 의례적인 드라마에서 주인공들을
대결시키는 엄숙한 말싸움을 통해 마련되었다. 이 대화는
의례의 정점에서 행해진다. 여기서 짚고 넘어가야 할 것은
바로 이것이 몽테뉴(Montaigne)의 「식인종에 대하여 Des
cannibales」[『수상록 Les Essais』(초판 1580년)에 수록]에서

* 식인풍습을 뜻하는 'anthropophagy'는 그리스어로 인간을 뜻하는 'anthropo'와 먹는다는 뜻의 '-phagy'를 합성한 조어다. 이와 마찬가지로 인류학을 뜻하는 'anthropology'는 인간을 뜻하는 'anthropo'와 '-logy'의 합성어이다. 카스트루는 anthropology와 anthropophagy를 대비함으로써 투피남바 족의 식인 의례에서 '식인'이라는 육체성과 '언어'라는 대화성을 교차시키고자 한다.

수행한 기사도적 독해를 거쳐 투피남바 족을 유명하게 만들었다는 것이다. 그 글에서 몽테뉴는 이 대화를 헤겔 스타일의 인정 투쟁, 즉 담론의 요소 내에서 수행되는 결사 항전으로서 해석했다(Lestringant 1982).

    사실 이 대화는 전사의 명예라는 관점에서 해석하면 놀라울 정도로 잘 맞아떨어진다. 하지만 얼핏 보면 그 외에는 맞는 것이 거의 없다. 이 대화의 사례들은 종교적인 의미를 전혀 암시하지 않고 신들을 언급하지도 않으며 희생자 혼의 운명을 암시하지도 않는다. 반면 이 대화에서 모든 목소리는 해설자들이 지나쳐버린 어떤 것을 말해준다. 목소리는 시간에 대해 말한다.

    이 대화는 포로를 죽이는 자가 수행하는 장황한 연설로 구성되는데, 그자는 포로에게 '당신이 내 부족 성원을 죽인 자들 가운데 하나인가? 당신은 죽을 준비가 되었는가?'를 묻는다. 그자는 포로에게 용감한 남자로서 "기억에 남으라"(Monteiro 1610: 411)고 촉구한다. 포로는 자랑스럽게 이에 답하면서 자신도 사람을 죽이고 또 먹은 자임을 공표하고 지금과 동일한 상황에서 자신이 죽인 적들을 환기한다. '묵종하는 희생자'의 맹렬한 버전(version)인 이 포로는 자신을 쓰러뜨리고 복수를 행하라고 요구한다. 그리고 다음과 같이 경고한다―나를 죽여라! 그러면 나의 사람들이 복수하러 올 것이다! 그래서 너희들도 나처럼 죽게 될 것이다!

    이 대화의 판본은 여러 가지가 있으나, 유감스럽게도 자유로운 방식의 간접인용이나 요약된 주해가 대부분이다.

그들은 포로를 죽이기 전날 포로의 몸을 깨끗이 씻긴다. 그리고 다음날 포로의 허리를 끈으로 동여맨 채 마을 한복판으로 데리고 나와 세운다. 그들 중 하나는 옷을 잘 차려입고 나와서 선조들이 했을 법한 연설을 포로에게 한다. 이것이 끝난 직후 죽음을 앞둔 포로는 죽음을 두려워하지 않는 것이 용감한 자의 자질임을, 자신도 수많은 자들을 죽였음을, 그리고 이승에 남겨진 자신의 친족들이 원수를 갚으러 올 것임을 말한다(Nóbrega 1549: I, 152).

이 의식이 완료되면 죽음의 집행자는 포로로부터 조금 뒤로 물러나 일종의 설교와 같은 연설을 시작한다. 그들이 포로에게 치욕을 주거나 나약한 겁쟁이를 죽였다고 말하지 않도록 포로가 그의 인격을 지키기 위해 스스로를 열렬히 증명해야 하며, 태어날 때부터 죽음을 통해 영예를 얻지 못하는 약한 여자들처럼 해먹에서 죽어간 이들이 아니라, 적들에 의해 죽음을 맞이한 용기 있는 자를 떠올리게 해야 한다고 말한다. 그리고 형에 처해진 자가 강건하여 일부가 그리하듯 중간에 혼절하지 않는다면 그 역시 오만하고 대담하게 답할 것이다. 자신이 친척과 친구를 위해 마찬가지의 일을 해왔으므로 자신을 지체 없이 죽여 달라고. 그러나 또한 포로는 집행자에게 다음을 상기시킨다. '너희가 나를 통해 너희의 죽음을 복수하듯이, 마찬가지로 내 사람들은 용감한 자들로서 반드시 나를 위해 복수할 것이며 너희와

같은 방식으로 집행자와 집행자의 부족 전체에게 복수할
것'이라고(Gandavo 1576: 137).

포로를 죽이고자 하는 자는 다음으로 희생제의용 곤봉을
받아 쥐고는 포로에게 말한다. "그렇다. 내가 여기에
있다. 나는 너를 죽일 것이다. 왜냐하면, 너의 사람들이
나의 친구들을 수없이 죽이고 먹었기 때문이다." 포로는
대답한다. "내가 죽게 된다면, 나의 많은 친구들이
복수하러 올 것이다"(Staden 1557: 182).

"너는 우리에게 적인 … 민족의 성원이 아닌가? 너도
우리의 친척과 친구를 죽이고 먹지 않았는가?"―그는
이제까지와는 달리 자신만만하게 답했다. "파·체·탄탄,
아이오카·아토파비(Pa che tantan, aiouca atoupavé).
그렇다. 나는 매우 강하고, 그들 중 몇몇을 덮쳐서
먹었다… 아아, 이건 거짓이 아니다. 아아, 너희들을
습격해서 포획할 정도로 나는 얼마나 대담했던가! 나는
너희들을 수없이 먹었다." 집행자는 덧붙인다. "너는
지금 우리 손안에 있으며 이제 곧 내 손에 죽을 것이다.
그리고 연기에 그을려서 여기에 있는 우리 모두에게
먹힐 것이다." 그에 대해 다음과 같은 답변이 돌아왔다.
"그렇다면 나의 친척들도 원수를 갚아줄 것이다"(Léry,
Métraux 1967: 62-63).

그러나 내게는 별 성과가 없었다. 우리가 세례를 준

이들이 용감한 사람으로 죽지 않았기에 기독교도가
되길 원치 않는다고 그 남자가 말했기 때문이다. 그는
이름 있는 죽음으로 자신의 용감함을 증명하고 싶어
했다. 그는 마을 한복판에 매우 긴 포승줄을 허리에
감고 있었고, 젊은이 서넛이 그 포승줄을 꽉 붙들고
있는 가운데, 다음과 같이 말하기 시작했다. "나를
죽여다오. 너희들에게는 확실히 내게 되갚아야 할 빚이
있을 것이다. 나는 너희들의 아버지인 누군가를, 또
너희들의 형제인 누군가를, 나아가 자식인 누군가를
먹었다."—그는 환희와 열망에 가득 차 다른 편에 속한
사람들을 먹은 일을 떠벌렸는데, 그 모습은 마치 그가
죽음을 앞두었다기보다 오히려 상대편 사람들을 죽일
것처럼 보였다(Anchieta 1565: 223-24).

그리고 그들의 잔인함은 그런 것이다. 그들은 눈앞에
있는 것 이외의 어떤 악도 두려워하지 않기에, 이를테면
자신의 힘을 발휘할 필요도 없다는 듯 태연하다.
왜냐하면, 많은 이들이 죽어왔기에 앞으로도 많은 이들이
죽어갈 것이라고, 그리고 이후에도 자신들을 위해 원수를
갚으려는 형제와 친척이 여기 남아있다고 말하며 인생에
작별을 고할 것이기 때문이다. 이런 식으로 죽음의 모든
명예를 통해 한 사람은 자신의 육체로부터 떠나갈 준비를
한다(Cardim 1583: 118).

그리고 이 포로들은 자신이 고통받아야 할 때가

왔음을 알기에 연설을 시작하며 담대하게 자신에 대해 이야기한다. 그들은 자신을 죽이려는 사람들에게 이미 복수가 이뤄지고 있다고, 본인의 업적과 함께 자신을 죽이려는 자의 친척들에게 다가올 죽음을 말한다. 또한 그들은 자신의 친척이 복수할 것이라 말하며 죽음의 집행자를 비롯해 모든 마을 사람들을 위협한다(Soares de Souza 1587: 326).

이 대화는 주인공들의 입장이 바뀐 것처럼 보였다. 안시에타는 포로가 "죽음을 앞두었다기보다 오히려 상대편 사람들을 죽일 것처럼 보였다"라며 놀란다. 그리고 소아르스 드 소자는 또 다른 도치(倒置), 이번에는 시간의 도치에 대해 기술한다. 즉 포로들이 자신을 죽이려는 자에 대해 **이미 복수를 행하고 있다**고 말한다는 것이다. 이 말싸움은 복수의 시간적 순환을 이야기했다. 희생자의 과거는 살인자의 과거였으며, 살인자의 미래는 희생자의 미래가 될 것이다. 처형은 과거의 죽음을 미래의 죽음으로 연결하면서 시간에 의미를 부여한다. 이를테면 오직 과거시제와 미래시제만으로 이야기되는 이러한 담화는 엘렌 클라스트르가 과라니 족의 성스러운 노래들에 관해 서술한 것과 비교할 수 있다.

> [이 성스러운 언어에서] 말하는 자는 또한 동시에 듣는 자이다. 그리고 그가 질문을 던진다 하더라도 자신의 질문이 끝없이 반복되고 있으며 그 이외의 응답이 없다는 것을 알고 있다…. […] 그것은 어떤 응답도 이끌어내지

않는 질문이다. 혹은 차라리 이 아름다운 말들이
가리키는 것은 질문과 응답 그 어떤 것도 불가능하다는
점이다. 우리 모두 시제와 동사의 형태에 주목해보자.
긍정문은 과거와 미래를 제외하고는 존재하지 않는다.
현재는 항상 부정의 시간(the time of negation)이다(H.
Clastres 1975: 143-44).

반대로 투피남바의 대화에서 현재는 정당화(justification)의
시간, 즉 복수의 시간이다. 그러니까 시간을 긍정하는
시간이다. 포로와 살인자가 주고받는 대화와 맞대결은 전사의
두 시간대를 불가분하게 한데 묶는데, 이러한 두 시간대는
서로에 응답하고 서로를 경청한다. 그리고 이때 질문과 응답은
치환 가능하다. 포로와 살인자의 바로 이 비-로티적인(non-
Rortyan) 대화(conversation)*가 과거와 미래의 관계를
가능하게 만든다. 죽일 준비가 된 자와 죽을 준비가 된 자 이
둘만이 사실상 현재에 있다. 즉 살아있다. 투피남바 사회에서
그 의례적 대화는 시간의 초월론적 종합이었다. 복수라는
선험적 범주는 구두(verbal)와 식인이라는 이중적인 도식화를
도입했는데, 이 도식화는 생성에 신체를 주었다. 그래서 먹기

---

*   미국의 철학자이자 프래그머티즘(pragmatism) 3세대를 대표하는 리처드
    로티(1931~2007)는 가치관이 다른 사람들이 같은 집단에서 공생하기
    위해서는 그 집단에 충성심을 가져야 한다고 말한다. 이때 충성심이
    빌휘뢰는 집단은 국가나 민족 등의 특정공동체에 한정되지 않으며 연대의
    범위에 따라 유동적이다. 그리고 이 연대는 개인들 간의 끊임없는 대화를
    통해 이어진다.

전 대담은 필수였다. 먹는 것과 말하는 것이라는 이 두 행위는 시간성을 **해명하는데**, 이 시간성은 적과의 상호 포섭과 호혜적 전제 사이의 관계 속에서 출현한 것이다. 복수 복합체는 원래의 온전함을 복원하는 장치, 즉 생성을 거부하는 장치가 아닐뿐더러, 말싸움을 통해 시간을 만들어내었다. 이 의례는 거대한 현재였다.

부가 설명

기호식(記號食, semiophagy), '문자 그대로' 기호의 섭취. 이미 언급했듯이, 살해당해 잡아먹힐 사람이 말로 지어진 존재, 즉 약속할 수 있고 기억을 가지고 있는 사람임을 보증하기 위해 [투피남바 족은] 최대한 주의를 기울여왔다. 마침내 대화로 막을 내리는, 의례의 무수한 세부 사항들이 희생자를 완전한 인간 주체로 구성하려는 이러한 노력을 입증한다. 프랑크 레스트랑강(Frank Lestringant)은 투피남바 족을 다룬 몽테뉴의 에세이에 대한 아름다운 분석에서, 몽테뉴가 식인주의를 단순한 '말의 경제'로 환원한다는 점을 감지하는데, 이와 같은 야만의 차원에 대한 은폐는 편찬가들의 설명에서 매우 분명하게 존재한다(Lestringant 1982). 레스트랑강이 주장하기로 몽테뉴는 투피남바 식인주의에 대해 극단적으로 비-영양학적 주장으로 돌아선 것처럼 보인다. 이 프랑스인 에세이 작가는 식인주의의 자연화로 특징지어지는 긴 공백 이후의 현대인류학에서 상징적 독해가 재등장하기를 기대한 것 같다. 식인주의의 자연화 경향은 마빈 해리스(Marvin Harris)의 선조 격으로 보이는, 공격적이고도 단백질을 추구하는 지롤라모

카르다노(Girolamo Cardano)에 의해 16세기에 이미 분명하게 표현되었다. 그러나 레스트랑강이 몽테뉴의 '관념론'을 특징짓는 방식이 내게는 투피남바 의례에서 대화의 순간을 완벽하게 표현하는 것처럼 보인다. 그러므로 나는 그의 말을 내 뜻대로 사용하겠다.

> 앞으로 먹힐 포로의 고기는 어떤 의미로도 음식물이 아니다. 그것은 기호다. […] 식인 행위는 비범한 복수를 표상한다. […] 식인 관례를 통해서 담론의 영속성을 파악하려는 노력…[…] 몽테뉴는 대학살의 귀결에 대해 숙고하지 않은 채로 언제나 명예를 향한 도전과 서로에 대한 상처입힘과 포로가 죽음 전에 작곡하는 '전사의 노래'로 되돌아간다. 그래서 우리는 식인자의 입에 이가 있다는 것을 잊고 만다. 그 입은 무언가를 게걸스럽게 먹는 대신에 언어를 발화하는 데에 머물러 있다(Lestringant 1982: 38-40).

식인자의 입안에 이와 함께 (마찬가지로 날카로운) 혀가 있음은 의심할 여지가 없다. 그러나 레스트랑강은 몽테뉴가 아니라 투피남바 사람들 스스로가 게걸스럽게 먹는 입과 언어를 발화하는 입을 구분했다는 것을 잊고 있다. 죽음의 집행자는 적의 고기를 먹지 않는 유일한 사람이었다(Correia 1551: I, 228; Gandavo 1576: 139). 복수의 '표상'으로서 의식의 연설은 먹힐 살을 기호로 변용시킨다. 대화를 통해 요리하는 자는 그 맛을 맛볼 수 없다.

복수에 의해 그리고 복수를 위해 확립된 이 기억의

내용이란 무엇인가? 이것은 복수 그 자체, 즉 순수한 형식 이외의 그 무엇도 아니다. 적들 사이에서 펼쳐지는 시간의 순수한 형식 말이다. 플로레스탕 페르난지스(Florestan Fernandes 1952)*의 양해를 구해 말하자면, 나는 전사의 복수가 종교의 도구였다고 생각하지 않는다. 이 종교의 도구는 희생제의를 통해 사회를 선조들과 재연결시킴으로써 구성원의 죽음으로 위기에 처한 사회체에 통일성을 회복시키고, 결국 사회를 그 자체와 다시금 일치시키게끔 만든다.** 또 나는 식인을 잡아먹히는 적의 신체라는 매개를 통해 죽은 사회구성원의 '실체를 되찾는' 과정이라고도 생각하지 않는다. 요점은 사람들이 죽어버려서 생성의 파괴적인 흐름으로부터 사람들을 구출할 필요가 있기 때문에 복수를 행하는 것이 아니고, 오히려 복수를 만들어내고 그렇게 미래를 만들어내기 때문에 (가급적이면 적의 손에) 죽었다는 것이다. 한 집단의 죽은 구성원들이 그 적과 그 집단 사이의 연결고리인 것이지, 적이 그 집단과 죽은 구성원 사이의 연결고리가 아니다. 복수란 되돌아오는 것이 아니라 앞으로 나아가는 것이었다. 지난 죽음에 대한 기억, 즉 한 집단과 다른 집단의 죽음에 대한

---

* 플로레스탕 페르난지스(1920~1995)는 브라질의 사회학자이자 정치가이다. 투피남바 사회에서 전쟁의 사회적 기능을 연구하여 박사 학위를 받았다. 그는 기능주의적 관점에서 전쟁의 기능이 표면적으로는 복수이지만 그 안에는 종교적이고 영적인 기능이 잠재되어 있다고 주장했다.
** 사회인류학자인 르네 지라르(René Girard, 1923~2015)는 희생양을 통해서 공동체의 위기를 극복하는 메커니즘에 주목했고, 그것을 통해 집단적 폭력의 양상을 분석하였다.

기억은 모두 생성의 산출로 나아갔다. 전쟁은 종교의 시녀가 아니었고, 오히려 그 반대였다.[40]

복수의 이중적인 영속성—끝없는 과정과 집단 스스로의 경계를 초월하는 관계성—은 복수가 단순히 흔히 볼 수 있는 시간을 없애는 기계가 아니라는 점을 보여준다. 오히려 복수는 시간을 생성시키고 시간 속을 여행하는(이것이야말로 진정 시간을 없애는 유일한 방법일지 모른다) 기계였다. 과거로 연결되는 것은 물론이고, 의례적 대결을 행하는 위대한 현재를 통해 미래를 발생시킨다. 복수가 없다면, 즉 적이 없다면 죽음도 없겠지만, 아이들도 이름도 연회도 없을 것이다. 따라서 상연된 것은 집단에 속한 고인에 대한 기억의 회복이 아니라 적들과의 관계 지속이다. **적들이야말로 집합 기억의 수호자들이었다.** 집단의 기억—이름, 문신, 연설, 노래—은 적에 대한 기억이기 때문이다. 투피남바 족에서 복수를 위한 전쟁은 (플로레스탕, 그리고 후에 피에르 클라스트르가 말했듯이) 게임 상대에 의한 자율성의 완고한 긍정과는 거리가 멀다. 오히려 복수를 위한 전쟁은 원초적인 타율성의 현현(顯現)이며 타율성을 자율성의 조건으로서 승인하는 것이었다. '사회의 진실'(Bataille 1973: 64)—우리가 바타유(Georges Bataille)와 함께 헤겔주의자가 된다면—이 항상 타자의 손에 달려있음을 인정하는 방법이 아니라면, 복수란 달리 어떤 모티프일 수 있겠는가? 복수는 종교의 결과가 아니라, 사회(적을 위해, 또 적을 통해 존재하는 사회)의

가능성의 조건이자 목적인(目的因)*이다. 따라서 당면한 과제는 복수와 명예를 위한 종교와 믿음을 단순히 총체성의 기능적 위격으로 대체하는 것이 아니다. 투피남바 전사의 복수는 사회의 중추적 가치로서 그 자체를 구성함으로써 근본적인 존재론적 불완전성, 근본적으로 긍정적인 불완전성을 표현했다. 일관성과 변덕스러움, 개방성과 완고함은 단 하나의 진리가 가진 두 얼굴이다. 그 진리란 외재적 관계의 절대적 필요, 다시 말해 타자 없는 세계의 사고 불가능성(Deleuze 1969)이다.

---

*   목적인은 아리스토텔레스가 말한 운동과 사물의 네 가지 원인 중 하나이다. 목적이 있기 때문에 운동이 일어나므로 목적은 운동의 원인이 된다. 생물의 목적인은 본래 가져야 할 완전한 상태의 실현이다. 그러므로 끝은 시작부터 목적인으로서 예기된다.

오래된 법

따라서 복수는 선교사들이 파괴해야 했던 "오래된 법"(Pires 1559: III, 110-11)의 기반이었다. 협의의 종교 영역에서 인디오들이 기독교의 메시지에 자신을 열어두었다면, 전쟁과 그 전개의 영역에서 인디오들은 자신을 닫아놓았다. 그들은 "신에 관해서는 미약한 기억력"을 보여주었지만, 적에 관한 것에서는 엄청난 기억력을 과시했다. 사제들이 한탄한 변덕스러움이란 포로의 의례적 처형 관습과 때로는 식인으로의 회귀를 일관되게 의미했다. 예를 들어 브라질의 사도는 이러한 실패, 즉 피라치닝가(Piratininga, 현 상파울루)의 예수회 수사들에게 큰 희망이었던 개종한 추장 티비리사(Tibiriçá)를 강하게 비난했다. 1555년에 투피니킨 족과 투피남바 족의 '전면전'에서 티비리사는 포로들을 잡아 반드시 옛 방식으로 죽이고 싶어 했다.

> 이런 식으로 그때까지 은폐되었던 그의 신앙의 가장된 본성은 증명되었고, 그와 그 외의 모든 예비 신자들은

> 몰락했으며 옛 관습으로 경솔하게 되돌아갔다. 따라서 이 땅 전체에서 이교도의 개종에 관해 무언가를 성취한다는 것을 누구도 기대할 수 없게 되었다. 많은 기독교도들이 이곳에 와서 […] 인디오들에게 노예제라는 멍에를 씌워 그들을 기독교의 비호 아래 강제로 둘 것이 아니라면(Anchieta 1555: II, 207).

이것은 예수회 수사들과 개척민들 사이에서 인디오에 대한 통제를 둘러싸고 장기간의 불화를 일으킨 주요 사안 중 하나였다. 사제들은 투피 족 내부의 전쟁이 유럽인의 안전 그리고 어쩌면 교리교육*에 가져올 긍정적인 효과를 몰랐던 것은 아니지만 전쟁을 반대했다. 그들은 여기서 맬서스주의적인, 즉 인구학적인 추측을 시도한다.

> 인구수가 많고 또 토지가 매우 광대하며, 그들의 수는 계속해서 늘고 있다. 만약 끊임없이 싸우고 서로를 잡아먹지 않는다면, 그들은 적정한 삶을 보장받을 수 없을 것이다(Brás 1551: I, 275).

---

* 교리교육(catechesis)은 '하느님의 말씀을 선포하고 가르치는 일'이며, '종교적 교시'라는 의미로 사용되었다. 교리교육은 예수님을 통해 하느님의 신비, 인간 구원에의 기쁜 메시지를 전달하여 구원받은 자녀들의 가장 고귀한 가치를 일깨워주는 것을 의미한다(김웅태, 『새 술은 새 부대에』, 성바오로딸수도회, 1995, 16~17; 이재영, "예수의 교리교수법에 관한 연구," 『가톨릭 사상』, 2005, 32: 101에서 재인용).

보다 정치적인 이유를 내세우기도 했다.

[바이아(Bahia) 지역에서] 그들은 지금 모두 잔학한 전쟁으로 인해 혼란에 빠져있다. […] 그리고 지금이야말로 그들 모두를 복종시켜서 무엇이든 바라는 대로 주입하기에 가장 좋은 때다…(Nóbrega 1555: II, 16-17).

이 전쟁은 앞 세대의 신도들에게 이로운 다양한 상황의 원인이 되었다. 그들은 뿔뿔이 흩어져 살았던 거주지에 더 이상 살 수 없게 되자 모두 피라치닝가에 모이고 있다(Anchieta 1563: III, 553-54).

그러나 사제들은 결코 간다부(Pero de Magalhães Gândavo)의 냉담한 추수 감사기도―이를테면 다음과 같은 기도―를 올리는 데에까지 몰락하지 않았다.

그들의 수가 많기 때문에 신은 그들이 서로 대적하며 그 사이에 엄청난 증오와 불화가 있는 것을 허락하셨습니다. 그렇지 않았다면 포르투갈인은 이 땅에 살 수 없었을 것이고, 이만큼 많은 사람들을 정복하는 것도 불가능했을 것이기 때문입니다(Gandavo c.1570: 52).

결국 사제들은 전쟁의 목표와 결과가 오래된 관습을 지속하게 하는 것임을 알고 있었기 때문에 전쟁을 반대했다.

막 개종한 기독교도들이 다른 친척들과 함께 전쟁으로
향했다. 이것은 서로를 먹기 위한 것이므로 신부들이
전쟁을 금했던 것인데…(Rodrigues 1552: I, 318).

우리가 기꺼이 바라는 길로 가지 못하도록 가로막는
장애물은 원주민들이 서로 사사건건 시비를 걸어
끊임없이 생겨나는 매우 잔학한 전쟁이었다. 그리고 바로
이것이 평온함을 결여한 이 사람들이 잘 지내지 못하게
만드는 주요한 장애물이었다. 또한 이로 인해 살인이
생기고 서로 잡아먹게 되는데, 이것을 금하는 것은 매우
힘든 일이었다…(Pires 1558: II, 463-64).

이 때문에 인디오들 간의 적개심을 부채질하고 식인이라는
꺼림칙한 행동을 그릴만한 것으로 여겨지게 만드는 유럽
개척민에 대해 예수회는 상당한 불쾌감을 드러내었다.

여기 기독교도들과 가까이 사는 인디오들에게
사람고기를 먹는 것은 금지되었지만, 그들이 전쟁에
나가 사람을 죽이는 것을 그만두게 할 수 없기
때문에 결과적으로 서로를 먹게 될 것이다. 그렇지만
기독교도들의 이 이웃들이 사람고기를 먹지 못하게는
할 수 있다. 왜냐하면, 그들은 개척민을 두려워하기
때문이다. 그런데 모든 기독교도에게는 인디오들이
전쟁을 일으켜서 서로를 죽이게 만들고 그편이 그들
자신에게 더 안전하리라고 말하는 것이 일반적인

관행처럼 되고 있다. 이것이 그들의 개종을 가로막는
절대적인 장애물이다. 이뿐만 아니라 그 외의 다른
이유들로 인해 신부들은 이 문제를 해결하지 못하고
있으며 그 와중에 감히 인디오들에게 세례를 베풀려고
하지 않는다(Blázquez 1556: II, 267).

일반적으로 이교도들이 서로 잡아먹고 전쟁을 하게
만드는 것이 우리 주님에 대한 큰 봉사라는 믿음이
해안 전역에서 어느 정도 퍼져있다. 사람들은 살아있는
하느님보다 여기에 더 큰 신앙을 품고 있다. 그리고
이 땅의 안전은 이 안에 있다고들 말한다. […] 그들은
이교도들이 서로를 잡아먹는 것을 상호 칭찬하고
승인한다…(Nóbrega 1559: III, 76-77).[41]

이러한 이유로 기독교도들은 이러저러한 불평을
늘어놓는데, 그들[인디오들]의 식인이 곧 이 땅의
안전이기에 그것이 허용되어야 한다고 말하면서 이 땅의
안위를 위해서라도 그들이 기독교도가 되어 순종하는
쪽이 더 나음을 살피지 못했다…(Nóbrega 1559: III, 90).

그러나 사제들은 마침내 현지인들 사이에서 벌어지는 전쟁
중 식인이라는 범죄의 처벌에 대한 총독의 공식적인 승인을
얻었고, 포르투갈인들이 일으킨 일련의 전쟁에서 패배한
집단이 수용해야 할 항복 조건을 규정했다.

다른 모든 민족이 그러하듯이, 전시 외에는 적을 죽이지 않으며, 만약 그들이 적을 생포한다면 팔거나 노예로 쓸 수 있다(Blázquez 1557: II, 382).

그들에게 주어져야 하는 법은 사람고기를 금하는 법, 총독의 허가 없는 전쟁을 금하는 법, 한 명의 아내만 두는 법, 목화가 풍부하므로 적어도 기독교도가 된 이후에는 스스로 옷을 입도록 하는 법, 주술사로부터 떼어놓는 법 […] 충분히 분배된 땅을 받아 기독교도들이 있는 곳으로 이주하지 않는다면, 이곳저곳 돌아다니지 않고 평온하게 살게 하는 법, 예수회 사제들이 그들에게 교리를 가르칠 수 있게 하는 법이다(Nóbrega 1558: II, 450).

이는 노브레가의 그 유명한 '문명화 계획'으로서, 카에테스(Caetés)의 주교 사르징냐(Sardinha)의 열렬한 환영을 받아 제정되었고(1556), 이로 인해 예수회는 이교도에 대한 정전(正戰, just war)의 교리를 지지하게 되었다(Nóbrega 1558: II, 449). 그러나 예수회가 투피남바 족 내부의 전쟁에 취한 입장은 유럽인들이 인디오들을 상대로 일으킨 전쟁에 취한 입장과 달랐다. 후자에서 예수회는 비난과 찬사 사이를 오갔다. 비난은 선교사 마을에 정착한 인디오들을 데려가 포로로 삼는 유럽 개척민들과의 경쟁은 물론 이 개척민들이 저지른 잔학 행위에 대한 분개로부터 야기되었다(Nóbrega 1559: III, 93-94). 찬사는 정전의 틀 안에서 그리고 사람을 강권하여 내 집을 채우라(compelle intrare)라는 기치 아래에서 나타났다. 이 경우에도 총독에 의한 개시나 승인과 같이 전쟁은 가능하면 공식적이어야만 했다. 그리하여 반-토착 전쟁에 대한 예수회의 태도는 인디오 노예의 적법성이라는, 우리가 이 한정된 분량 안에서 다 다루기 어려운 복잡한 문제와 얽혀있다.

그리고 다음을 참조할 수 있다.

> 멩 드 사*는 이 땅의 모든 기독교인의 반발을 억누를
> 수 있었다. 기독교인들이 반발했던 이유는 그들이
> 인디오들끼리 서로 잡아먹기를 바랐고, 이를 통해
> 토지의 안전을 보장받기를 기대했기 때문이다. 또한
> 그들은 서로에게서 도망친 인디오를 행여 노예로 얻을
> 수 있지 않을까 기대했고, 합리적 이유나 정의에 반해
> 인디오에게서 토지를 빼앗아 모든 면에서 그들에게
> 압정을 행사하기 원했다. 기독교인들은 인디오들을 모아
> 교리와 […] 여타 이러한 종류의 불편한 것들을 가르치길
> 바라지 않았다. 멩 드 사는 이 모든 것을 억눌렀다. 나는
> 이 승리가 주님이 그에게 부여한 다른 모든 승리와
> 비교해도 결코 작지 않다고 생각한다. 그리고 그는

---

* 멩 드 사(Mem de Sá, 1500~1572)는 1557년부터 1572년까지 재임한 브라질의 포르투갈 총독이다. 멩 드 사 이전의 총독인 두아르테 다 코스타는 원주민들을 끈질기게 선교하는 예수회 수사들과 갈등을 겪었는데, 왜냐하면 코스타는 인디오의 노예제를 주장하는 개척민들을 지지했기 때문이다. 멩 드 사는 포르투갈 농장주들의 인디오 노예화에 반대했고 예수회의 원주민 정착화를 도왔다. 그는 1572년 살바도르에서 사망했다.

자신의 힘이 닿는 한 인디오들에게 사람고기를 금했다.
그 이전까지 그들은 도시 주변 그리고 때로는 도시
안에서 사람고기를 먹고는 했다. 그는 이를 위반한
자들을 잡아들였고 그들이 스스로 과오를 깨끗이 인정할
때까지 포로로 두었다(Nóbrega 1561: III, 329).

인디오에 대한 무자비한 전쟁을 통해 침략자의 신학-정치적 장치는 마침내 인디오 전쟁을 길들일 수 있었고, 사회적 목적의 특성을 제거하여 침략자 자신의 정치적 목적을 위한 매체로 변형시켰다. 요컨대 투피남바 족은 전쟁에서 패배했고, 또 전쟁을 잃었다.

부가 설명

예수회는 여러 차례에 걸쳐 개척민들이 투피남바 족 내부의 적대를 부추겼다고 언급한다. 이는 토착 전쟁의 범위와 강도가 유럽인의 침략으로 인해―직접적이고 고의적인 방식으로(미주 29 참조)―크게 증가한 것은 아닌지 의문을 제기하게 만든다. 나는 적어도 브라질 일부 지역에서는 실제로 그러했다고 생각한다. 하지만 그로부터 더 나아가 16세기 중반 투피남바 족의 전쟁 패턴이 본질적으로 '서양과의 접촉'을 통해 설명될 수 있다고 단언(일부 조건을 달았음에도 퍼거슨[Ferguson 1990]이 결국 지지하는 일반적 입장이다)하는 것은 너무 멀리 나간 것이다. 그러한 논의는 아메리카 원주민 사회의 모든 문제적 측면―일반적으로 실천-적응적 요인으로는 설명될 수 없는 모든 측면―을 '서구'의 파괴적

영향 탓으로 돌려버리는 오늘날의 경향에 의해서만 정당화된다. 그 선의의 급진주의에도 불구하고, 이러한 유형의 사고는 결국 아메리카 원주민을 국가와 자본의 냉혹한 논리에 농락당하는 수동적인 장난감으로 만들어 버린다. 아메리카 원주민을 생태학적 이성의 무의식적 대리인으로 치부하는 여타 논의도 마찬가지다. 즉 역사와 자연 사이에서 사회가 소실된다.

투피남바 족의 전쟁은 그 사회의 환원 불가능한 소여(所與)였다. 그것은 이 사회의 재귀적 조건이자 존재 양태였다. 전쟁이 외래적 도구와 물질의 도입을 통해 일부 동력을 얻었고 때로는 유럽인들에 의해 이용당했을지라도, 전쟁은 이로부터 창출되지 않았다. 나아가 투피남바 사회에서 전쟁의 중요성은 그로 인해 죽은 이들의 수로 측정될 수 없거니와, 생태학적 고려로도 쉽게 설명되지 않는다.

> 900마일 길이의 이 해안가 전역을 인디오들이 점령하고 있고, 그들은 누구나 사람고기를 먹는다. 그들이 사람고기를 먹는 데서 기쁨과 즐거움을 너무나 많이 느끼는 나머지 그들은 종종 전쟁에 나갈 때 300마일 이상을 이동한다. 그리고 그들은 다른 어떤 것에도 개의치 않고 네다섯 명의 적을 포로로 잡기만 하면 떠들썩하고 왁자지껄하게 연회를 하며, 뿌리식물로 만든 막대한 양의 술과 함께 집으로 돌아간다. 그들은 그것을 작은 손톱 하나 남기지 않고 먹어 치우고, 평생 감탄스러운 승리 속에서 영광을 취한다(Anchieta 1554: II, 113).

이 구절은 토착 전쟁에 관한 그나마 최근의 몇몇 논쟁에서 반드시 고려되어야 할 경고로 읽힌다. 나는 어떤 의미에서도 투피남바 족의 자료가 야노마미(Yanomami) 족의 피의 복수와 살인자들의 차별적 생식률 등에 대한 섀그넌(Napoleon Chagnon)의 (의심스러운 통계적 장치로 장식된) 사회생물학적 추측*을 확증한다고 생각하지 않는다. 야노마미 족에 관하여 나는 알베르(Bruce Albert)와 리조(Jacques Lizot)에 전적으로 동의한다(Albert 1989, 1990; Lizot 1989). 투피남바 족에 관한 한 전쟁과 복수에 대해 우리가 여기에서 말한 것은 그 사회의 이데올로기적 질서라고 부를만한 것, 이를테면 16세기의 기록을 통해 파악할 수 있는 것을 지시한다. 그 자료는 의례적이거나 의례적이지 않은 '폭력적' 죽음의 수효(數爻)에 대한 어떠한 통계적 추정도 허용하지 않는다. 위의 안시에타가 쓴 구절은 전쟁이 적의 절멸을 목표하지 않았음을 보여준다(위에서 인용한 브라의 맬서스적 추측은 의심할 여지없이 '사후에 덧붙여진 설명'의 영역에 속한다). 편찬가들이 기술한 토착 전투들은 수많은 과시와 모욕과 행동의 교환을 포함했다. 그리고 거기에서 대학살에 대한 언급은 단 한 마디도 없다. 물론 인디오들에 대해 포르투갈인들이 벌인 전쟁에서는 대학살이 언급된다.

    포로는 죽음이 결정되기 전까지 몇 년 동안 적들 사이에서 살아가는데, 그의 인격은 포로를 사로잡은 자, 포로를 환대하고

---

* 미국의 인류학자 나폴레옹 섀그넌(1938~2019)은 1960년대에 베네수엘라와 브라질 국경부에 사는 야노마미(Yanomami) 부족을 장기간 현장 연구했다. 그는 살인한 적이 있는 남성이 그렇지 않은 남성보다 더 많은 아내와 자식들을 가진다는 통계적 자료를 통해 그들의 공격성이 자연선택의 결과라고 주장했다.

보호한 여성들, 포획자에게서 포로를 넘겨받은 남성들, 의례적 살인자 등의 많은 사람들에게 상징적으로 전유되었다. 처형된 후 그는 수백 명의 사람에게 먹혔다. 한 명의 죽음은 몇몇 결연관계의 마을들을 한데 모이게 할 수 있었다. 그들은 거의 동종요법* 수준으로 희석된 적의 고기가 들어 있는 매우 묽은 국 같은 것을 나눠 먹었다. 적들의 신체는 상징적으로 부족했고(반드시 실제로도 부족했던 것은 아니지만), 안시에타가 말한 것처럼 적은 마지막 손톱까지 남김없이 먹혔다. 지도자와 이름 있는 전사의 일부다처를 고려할 때, 이러한 이념의 현실적인 측면을 딱 잘라 말하기는 어렵다. 나는 투피남바 족의 상황이 콜리어(Jane Collier)와 로잘도(Michelle Rosaldo)가 제기한 '신부봉사(brideservice) 사회'**(Collier & Rosaldo 1981)라는 범주에 별다른 문제 없이 부합한다고 생각한다. 그래서 신부봉사 유형의 사회에서 일부다처와 전쟁에서의 유능함 사이의 관계가 객관적이기보다 이데올로기적이었다는 지적(Collier & Rosaldo 1981: 294, 312)을 투피남바 족에도 적용할 수도 있다. 말하자면, 전사로서의 기량, 어디에나 존재하는 복수라는 테마, 입사식 의례에서 살인의 역할,

---

* 질병의 증상과 유사한 증상을 유발하여 질병을 치료하는 대체의학 치료법의 하나이다. 자연계의 독성 물질을 매우 묽게 희석해서 만든다.
** 제인 콜리어와 미셸 로잘도에 따르면, 결혼 시스템은 세대들 간의 빚과 의무 사이클을 만든다. 결혼 시스템은 불평등한 신부대, 평등한 신부대, 신부봉사의 세 유형으로 나뉘는데, 그중 신부봉사는 비교적 덜 위계적인 사회에서 젊은 남자(신랑)와 나이 든 남자(장인) 간의 의무를 소장한다. 즉 젊은 남자가 나이 든 남자로부터 신부를 얻는 대신에 일정 기간 의무적으로 노동을 제공하는 것이 바로 신부봉사다.

전쟁과 결혼의 연관성에 높은 가치를 부여하는 풍부한 자료를 결코 간과할 수 없다. 하지만 투피남바 족에게 '극도로 호전적'이라는 딱지를 붙이는 것이 적절하다 해도, 그들을 '폭력적'이라고 간주하는 것은 매우 부적절할 수 있다. 편찬가들과 선교사들은 그들의 일상을 눈에 띄는 상냥함, 너그러움, 정중함으로 묘사한다. 그리고 내가 위에서 살펴본 것처럼, 그들의 적에 대한 증오, 그리고 감금/의례적 처형/식인이라는 복합체 전체는 상대의 인간성에 대한 온전한 인식 위에 세워져있었다. 물론 그것은 '인본주의(humanism)' 따위와는 아무 상관이 없다.

기억의 즙

이교도들의 악습에는 특별히 주목할만한 요소가 있다.
전쟁 복합체에서 옥수수 혹은 마니옥을 발효시킨 음료인
카우잉이 차지하는 중심적인 위치가 그것이다. 아메리카
원주민의 문화 안에서 발효음료의 의미는 여전히 해석상의
종합이 필요하다. 그러한 음료들은 식인이라는 모티프와
밀접한 연관이 있으며, 이들 문화의 상징경제 안에서
여성들이 결정적으로 중요하다는 점을 시사한다. 더 나아가
이러한 해석 너머에 투피남바 족의 정보원들은 기억, 더
구체적으로는 복수의 기억과 음주 연회 사이의 연결성을
보여준다. 투피남바 사람들은 잊지 **않기 위해** 술을 마시며,
바로 이 안에 **카우이나젠스**(*cauinagens*)[음주 연회]의 문제가
있다. 선교사들은 그러한 연회와 자신들이 폐지하고자 하는
모든 것들 사이에 위험한 관계가 있다는 것을 인식하고 이를
매우 혐오하였다. 앞서 살펴본 것처럼 안시에타는 이교도들의
개종을 가로막는 장애물 중 하나가 "그들이 매우 규칙적으로
마시는 와인, 즉 그것을 멈추게 하기 위해서는 통상 어떤

일로도 넘어설 수 없는 어려움이 기다리고 있는 그 와인들…"
(Anchieta 1584: 333)이라고 서술했다. 식인을 그만두게
하기보다 '와인'을 그만 마시게 하는 쪽이 더 어려웠다. 하지만
음주 연회는 언제나 혐오스러운 식인의 망령을 드러내었다.

> 그들의 기쁨은 전쟁에 나가야 한다는 것, 온종일 술을
> 마셔야 한다는 것에 있다. 그들은 언제나 술을 마셔대고
> 노래하며 춤추고, 항상 마을 곳곳을 뛰어다닌다. 또
> 그들의 기쁨은 상대편들을 죽이고 살해를 위한 새로운
> 회합을 열어야 한다는 것에 있다. 그들은 스스로 와인과
> 사람고기 요리를 준비해야 한다. 그리고 그들의 성자들은
> 이를 통해 늙은 여인이 젊은 아가씨로 되돌아갈 수
> 있다고 일러준다…(Jácome 1551: I, 242).

> 이 사람들은 길들여지지 않고 짐승 같아서 사람을 죽이고
> 그 고기를 먹는 것에서 모든 기쁨을 찾아낸다. 신의 은총
> 덕택에 우리는 그러한 것으로부터 멀찌감치 떨어져있다.
> 술을 마시고 이교도들의 노래를 부르는 관습은 그들
> 모두에게 너무나 뿌리 깊어서 이 모든 것으로부터 그들을
> 분리할 방법이 없을 정도이다(Anchieta 1554: II, 120-21).

> 그들을 눈멀게 만드는 가장 큰 요인은 그들의 명예를
> 이루는 복수에 대한 채워지지 않는 식욕이며, 복수에
> 곁들여 마시는 뿌리와 과실로 주조한 다량의 와인이다.
> 이 뿌리와 과실은 그들의 딸들이나 다른 소녀들이 충분히

씹어야 하는데 이 작업에는 처녀들만이 투입될 수 있다. 그들이 무리 지어 술을 마시는 광경은 내가 본 것 중 가장 지옥에 가까웠다. 이렇게 붐비는 까닭은 그들이 이를 위하여 멀리 떨어진 사람들까지 초대하기 때문이다. 누군가를 죽이거나 그들이 굽고 훈제하여 대접하는 사람고기를 먹어야 할 때 특히 그렇다(Grã 1554: II, 132-33).

이곳에서 나는 슬픔으로 가득 찬 마음을 안고 다른 마을들로 향했고 그곳에서도 그들에게 주님에 관한 이러저러한 것들을 이야기해주었다. 그들은 그것을 기쁘게 듣지만 결국은 다 잊어버리고 또 다시 관심을 와인과 전쟁으로 돌린다(Azpicuelta 1555: II, 248).

나는 우리 백성이 있는 곳으로 돌아간다. 이들은 자유롭게 술을 마실 수 있도록 셋으로 나누어진 거주지에 살고 있다. 내가 돌아가는 이유는 매우 어렵겠지만 이 관습, 혹은 더 낫게 표현하자면, 이 본성이 반드시 제거되어야 하기 때문이다. 이것이 유지되는 한, 이들에게 기독교 신앙을 심는 것은 불가능하다(Anchieta 1557: II, 368).

음주에 대한 예수회의 태도는 마약을 모든 악과 범죄의 근원으로 보는 근대적 담론을 떠올리게 한다. 특이한 점이 있다면, 투피남바의 **카우이나젠스**는 기억을 되살리는 만취였다는 것이다. 인디오들은 취하면 기독교 교리의 가르침을 잊고, 그들이 해서는 안 될 것들을 기억했다. 카우잉은 변덕스러움의 영약(靈藥)이었다.

> 우리가 전심을 다하는 이 예비 신자들은 자신들의 오래된 관습으로부터 어느 정도 거리를 두는 것 같았고, 그들의 음주 연회에서 자주 들을 수 있었던 듣기 싫은 고함은 이제 거의 들리지 않는다. 이 연회야말로 그들 최대의 악이며 여기서 다른 모든 악들이 흘러나온다. 실제로 그들이 가장 취했을 때 과거의 악에 대한 기억은 다시 새로워지고, 그들은 곧 적을 죽이려는 열망과 사람고기에 대한 갈망에 사로잡혀 달아오르며, 잔뜩 자만하기 시작한다. 하지만 지금은 음주에 대한 부주의한 열정이 조금 약해졌기 때문에, 다른 사악하고 부끄러운 행동들도 필연적으로 줄어들고 있다. 몇몇은 우리의 허락 없이는 절대 술을 마시지 않을 정도로 순종적이며, 마시더라도 이전의 광기와 비교하면 아주 절제하며 마실 뿐이다. […] 하지만 우리를 위로하는 이런 경우들도 부모들의 완강한 고집에 의해 약화된다. 부모들은 몇몇을 제외하고는 오랜 관습의 토사물로 돌아가고 싶어 하는 것 같다. 이웃 마을에서 적의 처형이 준비될 무렵 그들은 가장 끔찍한 노래와 술이 있는 연회에 간다(Anchieta 1555: II, 194).

자코메 몬테이루는 현재화하는 **카우이나젠스**의 기능을 노래와 용맹한 행동에 대한 언명, 이름의 공표로 이루어지는 구술 복합체와의 관계 속에서 간명하게 설명한다.

> 그들이 죽인 적에 따라 새로운 이름을 얻게 되면서,
> 몇몇은 백 개 이상의 이름을 갖게 된다. 그리고 이
> 이름들에 대해 매우 상세히 설명한다. 왜냐면 술을 모두
> 마실 동안—이 이교도들에게 가장 성대한 잔치이다—
> 그들은 어떻게 이 이름들을 얻었는지를 마치 처음 말하는
> 것처럼 이야기하기 때문이다. 결과적으로 모든 아이들이
> 적을 죽여서 얻은 이름들을 알게 되는데, 이것들이
> 그들이 말하고 노래하는 것들이다. 하지만 신사라면 술을
> 마시는 연회를 제외하고는, 이름들에 대해 절대 언급하지
> 않는다. 연회에서 사람들은 오직 전쟁의 관행, 어떻게
> 죽였는지, 어떻게 적진으로 뛰어들었는지, 어떻게 적의
> 머리를 때려 부쉈는지만 들을 수 있다. 술과 함께 그들의
> 행위에 대한 기억과 이야기들이 술술 나온다(Monteiro
> 1610: 409-10).

살인과 이름-주기, 음주에 관해서는 소아르스 드 소자 또한 참조하자.

> 투피남바 사람들 사이에서는 누구나 적을 죽이면 적의
> 이름을 취하는 것이 관습이었다. 하지만 죽인 자는
> 적절한 순간이 오기 전까지 그 이름을 말하지 않고,
> 적당한 때가 오면 좋은 술을 만들라고 주문한다. 그리고

술이 준비되면 마을 사람들은 전날 제니팝(genipap)*으로 스스로를 물들이고, 오후에 시작해서 밤새도록 노래를 부른다. 그들은 장시간 노래를 하고 나면 죽인 자에게 몰려가 취한 이름을 말해달라고 애걸복걸한다. 죽인 자는 사람들이 그에게 이름을 간청하도록 한다. 그가 이름을 말하면 사람들은 곧바로 죽은 자의 죽음과 죽인 자에 대한 찬사에 기초해서 새로운 노래들을 준비한다(Soares de Souza 1587: 323).

우리는 다시 한 번 투피남바 족 식인의 구술 복합체라고 부를만한 것과 마주하게 된다. 가수들과 '연설의 달인'이 지닌 막대한 위신, 대중 앞에서 이야기할 수 있는 권리를 표시하는 안면 피어싱과 입술 장신구, 의례적으로 수여하는 이름들 등이 그것이다. 자코메 몬테이루에 의하면, "그들에게 두 번째 축복이 가수가 되는 것인 것처럼, 첫 번째 축복은 살인자가 되는 것이다"(Monteiro 1610: 415). 끝없는 연설로 용맹함의 위업을 자랑하는 토착의 관습은 유럽인들을 크게 화나게 만든 것 같다(Thevet 1575: 92; Anchieta 1565: 206, 219, 222-23; Blázquez 1559: III, 133).

마지막으로 카우잉은 이미 적을 죽인 사람들이나 결혼한 사람들만 마시기 시작할 수 있었음을 상기해야 한다. 그러므로 카우잉을 마신 자는 살인자거나 사춘기 의례를 통과한

---

* 피부를 검게 물들이는데 쓰이는 게니파 아메리카나(*Genipa Americana*, 꼭두서니과의 과수)의 열매를 가리킨다.

여자라는 뜻이다(Monteiro 1610: 409; Cardin 1584: 103-04).
이는 다음의 관측을 설명해준다.

> 아이들은 기술과 지성을 갖추었으므로, 만일 아이들을
> 전쟁에 나가기 전에 빼낼 수만 있다면 우리는 그들에
> 대해 많은 희망을 품을 수 있다. 여성들도 마찬가지다.
> 그녀들이 술을 마시고 불순한 것들을 이해하기 전까지…
> (Grã 1554: II, 132-33).

> 18살에서 20살까지의 남자들은 좋은 징조를 보인다.
> [그러나] 그때부터 그들은 술을 마시기 시작하면서
> 믿을 수 없을 만큼 천박하고 끔찍하게 된다. 이 죄악은
> 개선하기에 가장 어려울 것으로 여겨지는데, 왜냐하면
> 그들이 거의 항상 술에 취해있기 때문이다. 그리고
> 그들이 술에 취해 그 모든 짓을 할 때, 그들은 모든 악한
> 것과 부정한 것을 이야기한다…(Grã 1556: II, 294).

그리고 이는 학교에서 생활하는 아이들이 페루 코헤이아가
이야기하는 것과 같은 행동을 취했을 때 사제들이 느꼈을
자부심 또한 설명해준다.

> [피라치닝가의 학교에서] 아이들 가운데 매우 활발하고
> 선량하면서도 매우 대담한 아이들이 몇 있는데, 그들은
> 자신의 부족 사람들이 술을 마시지 못하도록 그들이
> 가지고 있는 술이 가득 찬 병들을 부숴버리기도

했다(Correia 1554: II, 70).

완강한 식인자들

우리는 마침내 식인의 포기라는 문제에 이르렀다. 앞서 보았듯이 노브레가의 첫 편지(Nóbrega 1549: I, 111) 그리고 핀다부수와 테베의 논의가 시사하는 것은, 투피남바 사람들이 사제들이 약속한 건강, 장수, 기타 이익과 교환하기 위해서 전쟁 체계의 식인적 요소를 언제라도 버릴 준비가 되어있는 듯했다는 것이다. 그러나 복수를 위한 전쟁 자체는 불가침의 영역으로 남았다.

우리는 편지와 여타 기록물로부터 완전하고 충분히 성취된 복수의 형식으로서 식인의 중요성을 증언하는 구절들을 그대로 따왔다. 식인은 적을 사로잡아 포로로 삼은 다음 처형하는 의례 체계의 마지막을 장식했다. 그 밖에도 인디오들에게 사로잡힌 적을 구출할 때의 어려움, **임종 시**(*in articulo mortis*) 행하는 세례―이미 이야기했듯이 세례는 고기를 망치게 한다―에 대한 격렬한 저항, 그리고 사제가 조치한 금지에 반해 적을 먹기 위해 투피남바 족이 사용한 책략 등에 대한 언급이 수없이 많다.[42] 그렇지만 선교사들의 편지는 또한 선교사들의 분개에 찬 주장을 대면했을 때 인디오 측이 보인 어떤 모호함, 즉 고수하는 것과 청산하는 것 사이에서 흔들리는 태도를 드러낸다.

> [그들은] 사람고기를 먹는 것을 끊을 수 없기 때문에, 이 세상을 하직할 때에도 다른 위로는 있을 수 없다고 말하며 사람고기를 구해달라고 말할 정도다. 만약 고기를 구하지 못하면 그들은 자신이 이 세상에서 가장 불쌍한 자로 죽을 것이라고 말한다. 위로란 복수를 행하는 것이다. 나는 내게 주어진 시간의 대부분을 이 악덕을 비난하는 데에 허비하고 있다. 일부 사람들은 나이 든 여자들만이 먹는다고 답한다. 다른 사람들은 내게 이렇게 말한다. 조부모도 먹었으며 자신들도 먹어야 한다. 왜냐하면 적이 자신들을 먹는 이상 그렇게 해서 복수를 행하는 것이 자신들의 관습이기 때문이다. 왜 당신은 우리의 진수성찬을 빼앗으려 하는가? (Azpicuelta 1550: I, 182)

이페로이그의 타모이우 족은 유럽인들에게 거의 예속되지 않았고, 여전히 예수회에 의한 교화의 영향 밖에 놓여 있었다. 안시에타는 이 사람들 사이에서도 식인에 반대하는 자신의 가르침이 쇠귀에 경 읽기는 아니었음을 발견했다.

> [나는 그들에게] 특히 사람고기를 먹는 것을 꺼려야 한다, 그래야만 사람고기를 먹는 자들이나 창조주인 신을

모르는 자들처럼 혼이 지옥에 떨어지는 일이 없다고
[훈계하였다]. 그러면 그들은 사람고기를 두 번 다시 먹지
않겠다고 우리에게 약속하고 선조들이 이 일을 모르고
죽음에 이르러 지옥에 떨어진 것을 크게 안타까워했다.
그중에서도 일부 여자들은 그렇게 말하며 우리의
가르침을 무엇보다 즐거워하고 가르침대로 행하겠다고
약속했다. 남자들 모두에게 우리는 이 일을 이야기하며
신이 어떻게 식인을 금하는지, 그리고 피라치닝가에서
우리가 가르치고 있는 자들에게는 적이든 다른 누구든
먹는 것을 허락하지 않는다고 이야기했으나, 그들은 복수가
충분히 달성될 때까지는 적을 먹을 생각이며 우리의 관습을
서두르지 않고 천천히 행할 것이라고 말했다. 이 말은
사실인데, 그들에게 최고의 행복을 가져다주는 관습을 바로
근절할 수는 없기 때문이다. 다만 여자들 중에 지금까지
사람고기를 먹지 않았고 지금도 먹지 않는 자가 있다는
것도 사실이다. 이 여자들은 누군가가 죽임을 당하고
그 장소에서 잔치가 열리기 전에 자신들이 마시고 먹는
데에 사용할 그릇을 모두 숨기고 다른 사람들이 그것들을
사용하지 못하게 한다. 이처럼 그 본성에서 만들어진
선량한 관습이 그 외에도 있으며, 그것은 이리도 잔학하고
피비린내 나는 민족에게서 나왔다고는 생각되지 않을
정도다(Anchieta 1565: 201).

사실, 이전의 아스피쿠엘타(João de Azpicuelta
Navarro)나 다음의 블라스케스(Antonio Blázquez)의 것처럼

사람고기야말로 그들의 '진수성찬'이라고 전하는 인디오들을
묘사하는 편지가 있다.

> 어떤 이들이 금전이나 육욕의 만족 혹은 용맹함에서
> 즐거움을 얻는 바와 같이 이 이교도들은 적을 죽이고
> 그 후 복수를 위하여 그들의 고기를 먹는 것에서
> 행복을 찾는데, 이때 공포도 역겨움도 없으며, 그들의
> 취향으로는 이에 필적할 맛이 없다고 한다…(Blázquez
> 1557: II, 383).

반면 앞의 안시에타의 것처럼 그 외의 편지들은 식인이 반드시 모든 사람들의 동의를 얻지 않았음을 보여준다. 이 브라질의 사도는 한참 후에도 이 일을 반복해서 말한다. "해안 지역에 살며 공통 언어를 사용하는 그들 모두 사람고기를 먹지만 그중 몇몇은 식인을 해본 적 없고 그것에 매우 강한 혐오감을 가지고 있다"(Anchieta 1584: 329). 게다가 동일한 문서에서 이 책의 서두에 밝힌 개종의 장애물 목록 또한 발견된다. 안시에타가 작성한 목록이 이미 식인을 장애물 중 하나로 여기고 있지 않음에 주목할 필요가 있다. 그 당시 예수회와 식민주의자들의 통제 하에 놓인 인디오들 사이에서 그들 내부의 전쟁은 이미 완전히 침략자들의 목표에 종속되었거나 또는 식인의 연회 없이 복수의 최소한의 형태로 거행되었다. 17세기 초 프랑스령이었던 마라냥의 아브빌은 마치 의무처럼 실행되던 식인에서 유사한 생리적 혐오를 발견했다.

그들이 딱히 쾌락이나 관능적 식욕에 이끌려 사람고기
한 점을 먹는 것은 아니다. 왜냐하면, 사람고기를 먹은
후 위에서 그것을 도저히 소화시킬 수가 없어 때로는
토해낼 수밖에 없다고 많은 이들로부터 들어왔기
때문이다. 그들은 오직 선조의 죽음에 대한 원수를 갚기
위해서 그리고 적에 대하여 품은 불굴의 사악한 증오를
만족시키기 위해서 그렇게 한다(Abbeville 1614: 233).

식인 혐오에 대한 보고서와 그것을 끊기 위한 특정
경향에 관한 보고서를 식인이 지닌 가치와 명예뿐만 아니라
영양 섭취 행위로서 그 우수성마저 긍정하는 보고서와
절충하기란 쉽지 않아 보인다. 가령 한스 슈타덴과 지도자
쿠냥베비(Cunhambebe) 간의 매우 유명한 대화가 후자에
속한다.

이때 쿠냥베비는 사람고기를 가득 담은 바구니 하나를
자신 앞에 놓았다. 그는 다리부터 먹기 시작했고, 그것을
내 입 앞에 들이대면서 내게도 먹어보라고 권했다. 나는
응수했다. "이성이 없는 동물이라도 자신의 동족은
먹지 않으려 하는데, 사람이 어째서 다른 사람을 먹으려
하는가?" 쿠냥베비는 다리 고기를 씹으면서 내게 말했다.
쟈우아라 이체(*jauára ichê*). 나는 재규어다. 이것은
맛있다." 이 광경을 본 후 나는 그를 두고 떠났다.[43]
(Staden 1557: 132)

물론 일찍이 투피에 관한 데이터는 브라질 해안 지역의 여러 곳에서 수집된 것이며, 또 다른 시기에 관한 것도 있다고 주장할 수 있다. 그렇다면 사람고기를 준비하는 미덕에 관한 균일한 견해는 존재할 수 없게 된다. 가령 아체(Aché) 족의 사례를 살펴보면 클라스트르 등이 조사한 시기에는 식인을 행하는 집단과 그렇지 않은 집단으로 나눠져있었다고 한다.

> 왜 각각의 집단이 그렇게 된 것인지를 알고자 한 민족학자(클라스트르)의 질문에 사람들은 다음과 같이 대답했다. 식인자의 경우―사람고기는 맛나기 때문에 우리는 죽은 자를 먹는다. 그렇지 않은 경우―사람고기는 맛이 없기 때문에 우리는 그것을 먹지 않는다(H. Clastres 1972: 82).

문화적 취향의 문제라고 누군가는 말할지 모른다. 문제는 투피남바 족 사례에서 집단 내 의견들이 다양한 것처럼 보인다는 점이다. 무엇보다 식인과 사람고기를 진심으로 극찬했던 이들일지라도 이러한 식인풍습과 비교적 쉽게 단절됐다. 여하간 식인의 실행이 해안의 투피 족과 과라니 족의 전쟁 체계에 각기 다른 무게를 지녔음을 보여주는 여러 증거가 있다. 예를 들어 바이아 지역의 투피남바 족이 특히 고집스럽게 식인을 지속했다면 상파울루의 투피니킨 족은 좀 더 쉽게 단념했고, 남부 해안의 카리조(Carijó) 족(과라니 족)은 아마도 식인에 관심이 훨씬 덜했던 것처럼 보인다.

인디오들의 식인주의 포기를 설명하기 위해서는, 혹은

복수를 위한 전쟁과 비교했을 때 예수회와 총독이 식인 관습을 훨씬 쉽게 규제할 수 있게 한 동기와 과정을 특정하기 위해서는, 투피 문화들에서 식인의 의미에 대한 포괄적 분석이 필요할 것이다. 그러나 여기서 다룰 내용은 아니다. 우리는 앞서 식인 동기의 한 측면으로 희생자의 관점에서 그 상황을 그려내는 방식을 언급했다. 즉 매장과 부패를 피하기 위한, 달리 말해 '신체를 가볍게 하기 위한' 방법이라는 것이다. 이는 투피과라니 족의 인격에 관한 이론들에서 주요한 주제이다(H. Clastres 1975; Viveiros de Castro 1986; Combès 1987, 1992). 반대로 식인자의 관점에서 접근해보면 식인주의와 관련된 몇 가지 연결점들이 드러난다. 우선 식인은 포획자와 그 동맹들의 집합체에게 적합한 복수의 양상이자 양식이다. (이와 대조적으로 의례적 처형은 단 한 사람에 의해 수행되었고, 그는 적의 살을 먹지 않았다.) 이러한 의미에서 보자면, 식인을 통해 먹는 자들 모두가 자신들을 적의 적으로서 규정함으로써 복수를 최대한으로 사회화하는 것에 이른다. 희생자와 연관된 집합체의 입장에서 보자면 '강제적 복수'(Fernandes 1949: 123)의 장 내부에 스스로를 위치시키는 것이었다. 나아가 식인이 투피과라니 족의 종교, 샤머니즘, 그리고 신화학을 횡단하는 동일한 종말론적·인격론적(personogical) 테마와 다시 연결된다는 것을 보여주는 단서들이 존재한다. 늙은 여인의 탐욕—이는 식인의 근절을 둘러싼 문제에서 예수회의 가장 큰 적이었다—에 관한 반복적인 언급은 사람고기 섭취를 통해 추구하던 목적이 **카라이바**가 약속했던 것과 별반 차이가 없음을 시사한다. 즉 "사람들에게 장수를 약속하고 늙은 여인들이 분명 젊은 소녀로 돌아갈 수 있다…"라는 약속 말이다(Nóbrega 1549: I, 151 그리고 다음을 참조. Jácome 1551: I, 242; Azpicuelta 1555: II, 246). 남성들이 전투에서의 용맹함과 죽음 직전의 용기를 통해 영생을 손에 넣었다면, 여타 방식 중 특히 식인은 장수, 나아가 불사를 획득하는 여성적 방식이었던 것으로 보인다. 아스피쿠엘타가 이미 인용한 한 구절을 살펴보자. "몇몇은 나에게 늙은 여자들만 먹는다고 답해주었다…." 공적인 사건, 특히 전쟁과 식인을 둘러싼 연로한 여성의 큰 영향력에 대해서는 다음의 연구를 심층적으로 분석할 필요가 있다(Lourenço 1553: I, 517-18; Blázquez 1557: II, 352, 387-88; Anchieta 1560: III, 259). 여기에는 뷔셰(Bucher 1977)*가 생각한 것처럼, 유럽인 관찰자에 의해 투사된 단순한 이데올로기적 환영보다도 훨씬 더 많은 함의가 있다. 심지어 샤먼의 고행이나 춤, 담배 연기의 흡입 등 너무나 다양한 방식으로 투피과라니 족이 갈구했던, 신체를 가볍게 하는 효과를 사람고기가 직접적으로 창출했음을 시사하는 자료들도 존재한다(Combès 1987, 그리고 그녀가 인용한 Saignes s/d을 참고할 것). 마침내 식인

---

*　　프랑스 인류학자 베르나데트 뷔셰(Bernadette Bucher)는 『야생의 젖가슴 *La sauvage aux seins pendants*』(1977)에서 16세기 판화가이자 조각가 테오도르 드 브리(Theodor de Bry)의 그림을 레비스트로스의 구조주의적 방법론을 토대로 분석한다. 초창기 유럽인들의 아메리카 대륙 탐험을 그린 그림들을 해독하며, 그는 투피남바 족의 식인풍습에 대한 유럽인의 관념들, 즉 자연과 사회적 질서, 야만 대 문명에 관한 인식을 규명하고 있다.

의례는 흉포성을 카니발적으로(carnivalesque)* 상연했고, 이는 투비남바 사회 이면의 역설적 충동인 타자-되기를 드러냈다. 즉 의례에서 적을 흡수할 때 사회적 신체는 적에 의해 규정되고 적에 의해 구성되는 것이다(Viveiros de Castro 1986).

식인이 복수의 최대 형식이었던 것은 분명하지만, 그럼에도 그것이 꼭 필요한 형식은 아니었다. 전사의 복수를 특징짓는 표시이자 새로운 이름을 획득하기 위한 결정적 필요조건은 적의 두개골을 의례적으로 박살내는 것이었다.

> 이 이교도가 전장에서 적을 찔러 죽인다 할지라도 [⋯] 그가 적의 머리를 쪼개 죽이지는 않았기에 사람들은 곧 죽은 자가 죽지 않았다고, 죽인 자도 그를 죽였다며 자랑할 수 없다고, 이름을 얻을 수도 없고 스스로를 치켜세울 수도 없다고 생각한다(Brandão 1618: 259-60).

---

* 바흐친(Mikhail Bakhtin)은 『프랑수아 라블레의 작품과 중세 및 르네상스의 민중문화』(2001[1965])에서 중세 민중에게 나타나는 웃음의 문화의 특징으로 카니발에서 나타나는 우스꽝스럽고 의례적인 구경거리를 제시한다. 카니발에는 위계가 없기에, 두드러지는 연기자가 없다. 관객과 연기자의 구분은 사라지고 모두가 그 카니발의 무리 속에 들어간다. 관조할 수 있는 축제가 아닌 것이다. 카니발적인 웃음은 민중 모두의 웃음이고, 자신을 포함해 모두를 향한다. 나아가 카니발이 벌어지는 광장에서 일정한 시간 동안 사람들은 기존 세계의 '일시적 폐지'를 마주한다. 놀이나 의례라는 프레임과 마찬가지로 카니발은 특정한 시공간 안에서 변화의 가능성을 갖는 것이다. 많은 경우 관념적, 정신적, 추상적 차원들이 육체의 차원으로 격하되며 육체, 배설, 임신, 성교, 출산, 폭력과 같은 구체적이고 물질적인 감각이 부각된다. 이 과정에서 카니발적 패러디는 기존의 것을 부정하면서도 그 안에서 새로운 것을 부활시킨다.

때때로 그들은 적의 머리를 깨기 위해 무덤을 파헤치기도 했다.

> 그들은 산 자를 죽이는 것만으로는 만족하지 못하므로, 죽은 자를 무덤에서 파내어 더 큰 복수를 위해 그들의 머리를 깨부수고 새로운 이름을 얻고 싶어 한다(Anchieta 1565: 237).

> 만약 적들의 오래된 무덤을 몇 개 발견하면, 그들은 두개골을 파내어 부순다. 그렇게 함으로써 그들은 새 이름을 얻고, 새롭게 적이 된다(Soares de Souza 1587: 301).

이러한 행위는 오직 남자들의 것이었다. 여자들은 격분했을 때, 자신의 손으로 포로를 죽일 수 있었다. 그러나 그들이 그 시체의 머리통을 부수기 위해서는 남자를 불러야만 했다(Anchieta 1565: 203).

최소한의 필수적인 형식의 복수—되도록 의례적 상황에서 머리통을 깨부수기 위한 적과의 대면—는 식인보다도 더 강력하게 예수회의 명령에 저항한다는 점이 드러났다. 이러한 사실은 아마도 완전한 남성적 인격, 즉 명성과 새 이름을 얻은 살인자를 생산하는 과정에서 복수가 필수적이기 때문이었을 것이다. 의심할 여지 없이, 복수는 단지 '악습'인 반면, 식인풍습은 완전히 혐오스러운 것이었다는 사실은 또한 유럽인들이 전자에 더 인내심을 가지고 대할 마음이 생기도록 했음이 틀림없다. 여하간 투피남바 사회에서 주로 여성적 영역의 패배를 식인의 포기에서 확인할 수 있을지도 모른다.[44]

투피남바 족이 그들의 적을 먹지 않도록 설득하는 것이 얼마나 어느 정도로 쉬운 일이었는가? 바이아에서는 총독들이 지휘하는 군사작전, 그리고 때때로 (이타포앙[Itapoã] 족, 파라과수[Paraguaçu] 족의 경우) 섬멸전이 요구되었고, 그 결과 허용되지 않은 토착의 전쟁을 금지하고 식인풍습을 사형으로 다스리는 칙령이 내려졌다. 인디오들은 혼의 죽음과 함께 항복했다.

> [지도자 투바랑(Tubarão, 상어를 뜻한다)이 전쟁을 벌인다.] 그는 총독에게 자신의 신민들을 살해한 사람들 중 한 명을 죽일 수 있도록 허락해달라고 했다. 죽은 그의 신민들 때문에 그가 느낀 혐오감을 위로하기 위해서였다. 총독은 그들이 마을 밖의 포로를 죽일 수 있도록 그에게 허가해주었다. 그래서 그들은 그렇게 했다. 그들은 포로를 죽여 잡아먹었고, 그들이 포로를 요리하는 장면이 발견되었다. [사제들의 항의를 받은 총독 두아르테 다 코스타*는] 인육을 먹는 자는 사형에 처한다는 명령을 그의 관할지 전체에 포고하도록 명해 인디오들이 공포에 떨게 했다(Blázquez 1556: II, 267-68).

* 두아르테 다 코스타(Duarte da Costa)는 브라질의 2대 총독으로서 1553년에서 1557년까지 재임했다.

인디오들에게 이러한 협약은 지키기 어려워졌다. 왜냐하면, 어떤 이들이 금전이나 육욕의 만족 혹은 용맹함에서 즐거움을 얻는 바와 같이 이 이교도들은 적을 죽이고 그 후 복수를 위하여 그들의 고기를 먹는 것에서 행복을 찾았기 때문이다. 이때 공포도 역겨움도 없으며, 그들의 취향으로는 이에 필적할 맛이 없다. 이것이 바로 그들이 총독에게 다음과 같이 말한 이유였다. 총독이 그들에게서 식인을 앗아감으로써 원로들에게서 이어받은 모든 영광과 명예까지도 빼앗았다고 말이다. 하지만, 이미 그때부터 그들은 우리가 그토록 혐오하는 것을 더는 하지 않을 준비가 되어있었다. 다만 오래전부터 잡아먹기 위해 묶어두었던 일곱 명의 적들을 지금 죽일 수 있도록 허락해달라는 조건을 달았다. 그들은 그자들이 부모와 자식들을 죽였다고 주장했다. 총독은 포로를 먹는 것을 제외하고 그들의 요청을 들어주었다. 그래서 인디오들은 우리가 그들을 이토록 곤란한 상황에 빠뜨리지 않았다면 결코 하지 않았을 일이자 해본 적 없었던 일을 하기로 약속했다. 왜냐하면, 그들은 적들을 죽이는 것만이 아니라 먹어야만 비로소 원수를 갚게 된다고 여기기 때문이다(Blázquez 1557: II, 382-83).

그러나 결국 인디오들은 굴복했고, 식인은 단지 부끄러운 기억에 불과한 것이 되었다.

이 사람들 모두 사람고기를 먹는 관습을 잃어갔다. 어떤
이들이 사람고기를 먹는다고 알게 되어 우리가 그들에게
그 고기를 구한다고 전언을 보내면 그들은 그것을
우리에게 보내주었다. 그들은 최근까지도 그러했으며,
아주 먼 곳에서도 고기를 가져다주었기에 우리 모두는
총독에 대한 두려움으로 벌벌 떨면서 그것을 묻거나
불태웠다…(Pires 1558: II, 471).

모든 이들이 먹었던—그것도 도시 바로
옆에서—사람고기는 이제 제거되었고 많은 사람들은
이미 그때를 상기하는 것을 모욕으로 받아들이고 있다.
만약 어딘가에서 사람들이 사람고기를 먹고 있으면
그들은 지탄과 처벌을 받았다(Nóbrega 1559: III, 57).

그리고 사람을 죽이거나 그 고기를 먹어서는 안 된다.
그들이 그러한 짓을 이미 하지 않기 때문에 이 명령은
아무 소용이 없다(Pires 1560: III, 313).

모두가 내게 말하길, 그들이 사람고기를 먹지 않기
때문에 그것을 폐지하는 것은 극히 단순한 일이 되었다고
한다…(Pereira 1561: III, 334).

남부 지역에서는 예수회가 상비센치와 피라치닝가의
투피니킨 사람들 사이에서 식인을 그만두게 만드는 데에 더
신속하게 성공했던 것으로 보인다.

그들이 사람고기를 먹지 않는 것은 매우 경이로운 일이며
또 전능한 신에게 무한한 감사를 올릴 수밖에 없다.
왜냐하면, 지금까지 우리 이야기를 들어왔고 이제는
신에 대한 말씀을 종종 듣는 이 백성들과 이웃에 사는
다른 백성들이 어떤 것에도 복종하지 않고 기독교도를
두려워하지 않기 때문이다(Anchieta 1560: III, 259-60).

세례 지원자들에게서 때로 보이는 [옛 관습으로의]
복귀로 인해, 안시에타는 반복해서 "칼과 쇠몽둥이에 의한
설교"(Anchieta 1563: III, 554)를 부르짖었지만, 그중에 이
관습[식인풍습]은 포함되지 않았다.

[그들은] 오래되고 악마적인 관습에 절어 있지만,
사람고기를 먹는 것만은 예외이다. 이 관습은 주님의
은혜로 인해 우리가 가르쳐왔던 사람들 사이에서는
거의 근절된 듯하다. 확실히 그들은 적을 죽일 때 옛
풍습대로 여전히 성대한 잔치를 열어 그들과 그 아이들,
심지어 읽고 쓸 수 있는 자들까지도 모두가 다량의
와인을 마신다. 그리고 자신들이 적의 고기를 먹지 않는
경우에는 그것을 다른 자들, 잔치에 초대된 여러 곳에서
온 친척들에게 먹으라고 준다. 이러한 모든 일들은
그들이 복종되지 않았기 때문이다…(Anchieta 1561: III,
370).

식인에 대항하는 투쟁에서 본질적인—어쩌면 결정적일

수 있는—수단은 인디오 아이들을 예수회 학교에 억류하는 것이며 그 안에서 이 관습에 대한 성스런 공포를 지니도록 가르치는 것이었다.

> 복종하지 않는 지역에서 많은 젊은이들이 아버지들의 관습으로 돌아가 버리지만, 적어도 그들은 사람고기를 먹는 것으로 돌아가지는 않고 오히려 부모들까지 이 관습으로부터 떼어놓는 성과를 올리고 있다…(Nóbrega 1561: III, 361).

투피남바 족 소년들을 유괴하는 예수회의 전략에 관해서는 별도의 연구가 있을 것이다.

변덕스러움을 예찬하며

마지막으로 투피남바 족에 관한 사료는 식인의 불안정성에 대한 레비스트로스의 관측을 정당화하는 것으로 보인다. 그에 따르면, 식인이 관습적으로 실행되는 곳에서도 식인과 사회체의 외연은 거의 일치하지 않는다. 심지어 그는 다음과 같이 말한다.

> 식인이 규범인 것처럼 보이는 곳에도 묵인과 혐오라는 형태로 예외가 존재한다. 또 식인관습의 불안정한 성격은 눈으로도 확인 가능할 정도다. 16세기부터 현재까지 참조 가능한 모든 관찰기록에서, 우리는 이 관습이 아주 짧은 시기에 생겨나서 퍼지고 소멸한다는 것을 볼 수 있다. 의심할 여지 없이, 이는 백인들과의 첫 번째 접촉 이후 백인들이 강제적 수단을 갖추기 전에도 자주 식인이 중단된 이유를 해명한다(Lévi-Strauss 1984: 143).

투피남바 족의 경우, 식인관습은 사회체 전체와 일치했다.

남자들, 여자들, 아이들 모두 적을 먹어야 했다. 사실상 적이야말로 식인 연회의 순간에 사회체를 밀도와 외연의 최대치로 구성했다. 그러나 이 실천에는 겉보기에는 사소하고 일시적이면서도 결정적인 배제가 필요했다. 바로 죽인 자는 그의 희생자를 먹을 수 없다는 것이었다. 이는 아메리카 원주민 사회에 광범위하게 퍼져있는 원칙, 즉 사냥꾼이 그가 잡은 것을 먹으면 안 된다는 원칙의 단순한 적용 이상으로 보인다. 죽인 자의 이러한 자제는 처형과 섭취의 의례에서 일의 분업을 암시한다. 공동체가 흉포하고 피에 굶주린 무리로 탈바꿈하고, 동물-되기(쿠냥베비가 말한 재규어를 상기해보라)와 적-되기를 상연하는 동안, 적의 숨통을 끊는 자는 규칙과 상징의 무게를 혼자 짊어졌다. 그는 적을 죽이자마자 과도기 상태(liminal state)인 엄격한 고립의 단계에 들어가 새로운 이름과 새로운 사회적 인격을 부여받을 준비를 했다. 어떻게 보면, 의례 전체에서 죽인 자와 그의 적만이 제대로 된 사람의 모습을 하고 있다. 식인주의는 누군가 식인을 하지 않기 때문에 가능했다.

또한 우리는 식인이 갖는 다수의 종교적 연결성과 우주론적이고 종말론적인 의미들에도 불구하고, 식인주의는 전사의 복수라는 체계의 **필수 요소**(sine qua non)가 아니라 궁극적 형태였다는 점을 살펴봤다. 나아가 몇몇 사료들이 사람고기를 먹는 것에 대한 반발 운동이 있었음을 증언하는 것도 보았다. 적어도 브라질의 일부 지역에서는 군사적 압력이 가해지기 이전에 예수회 수사들의 설교만으로 식인주의가 포기되었다는 점도 봤다. 마지막으로 유럽인과 직접 접촉한 투피남바 사람들 사이에서 1560년대 이후에는 식인주의가 존속하지 않았을 것이라는 점도 언급했다.

　레비스트로스는 식인을 타자와의 근본적인 동일화라는 배경으로부터 윤곽을 드러내는 불안정한 형상으로 이해한다. 그러한 배경은 사회생활의 일반적 조건이라고 할만한 배경이다(Lévi-Strauss 1984: 143-44). 사교성(sociability)이라는 곡선의 한 극점에 무관심과 소통불가능성이 있다면, 반대 극에는 식인주의가 위치할 것이다. 식인은 사교성의 완전한 결여가 아니라 사교성의 과잉을 표현한다. 이것이 사실이라면, 식인의 중단은 어떤 의미에서 투피남바 사회의 근본적인 차원의 상실을 뜻할 것이다. 근본적인 차원이란 적과의 '동일화', 말하자면 근본적인 변성(alteration)의 조건으로서 '타자'를 통한 자기규정이다. 그러나 이와 동시에 식인이 상대적으로 쉽게 포기된 것이 실은 유럽인의 도래에 의한 것은 아닌지 의문을 제기할 수 있다. 식인은 오로지 혹은 주로 유럽인이 식인을 혐오하고 탄압했기 때문에 포기된 것이 아니라 오히려 유럽인이 투피 사회에서 적의 위치와 기능을 점하게 되었기 때문에 포기된 것이라고 말할 수 있지 않을까? 이렇게 유럽인이 그 '외부' 공간을 채운 결과, 유럽인이 가져온 가치들은 전통적인 적들을 삼킴으로써 내부화되었던 가치들과 통합되는 대신 이것들을 뒤덮을 정도가 되었다. 전사의 복수, 그리고 그것이 이름, 명예, 기억 복합체에 미친 결과가 견지되어온 것은 존재론적 포식의 근본적인 모티프가 여전히 투피남바 족에 남아있었다는 것을 증명한다. 현대 아메리카 원주민에 대한 민족학이 보여주듯 그것은 또한

사회체를 구성하는 바로 그 실체의 원천으로서 타자에게
끊임없이 의존하기 위해서 타자를 문자 그대로 먹을 필요는
없다는 것을 증명한다. 여기서 실체란 타자성에 대한 이러한
식인적인 관계 이상의 무엇도 아니다. 여하간 식인이 정말로
탁월하게(par excellence) 가변적이고 불안정한 형태라면—나는
이를 '변덕스럽다'고 말해왔는데— 감탄스러울 만큼
변덕스러움으로 일관하는 투피남바 사람들을 이보다 더 잘
표현할 수는 없을 것이다.

아마존 동부에 사는 현대 투피계 소집단인 아라웨테
족은 천계 신들의 종족인 **마이**(*Maï*)가 식인자라고 주장한다.
실제로 그렇게 믿는지는 알 수 없다. **마이**는 갓 천국에
온 죽은 자들의 혼을 집어삼킨다. 그리곤 죽은 자들을
부활시키고 활기를 되찾게 하는 마법 탕에 [집어삼키고]
남은 부분들을 담근다. **마이**는 죽은 자들을 술, 섹스, 그리고
음악이 넘쳐나는 향기로운 낙원에 사는 자신들과 같은
불사의 존재로 변신시킨다. 천계 식인을 견디지 않아도 되는
혼들은 오직 생전에 적을 죽인 자들이다. **마이**가 두려워하는
아라웨테의 살인자들은 이미 그들과 마찬가지로 사납고
식인적인 존재이다(살인자의 뱃속은 적의 피로 가득 차 있고
이 피를 정화해야 한다고 생각된다). 그러므로 그들은 그들이
이미 두고 온 인간성을 대신 소화해주는 신 따위를 필요로
하지 않는다. 태초에 지상을 버리고 떠난 **마이**는 인간들에게
아버지, 조물주, 심지어는 문화영웅 등으로도 상상되지 않는다.
사실 그들은 '우리의 거대한 **티와**(*tiwã*)'로 분류된다. '**티와**'는
농담조의 공격적인 함축을 지니는 단어로 '잠재적 인척'을

의미하는데 이를 통해 죽은 적의 혼이 꿈속에서 살인자를 불러내어 노래를 가르치는 것이다. 요컨대 우리를 삼킴으로써 우리를 그들의 모습으로, 그리고 닮은 것과 닮지 않은 것으로 변신시키는 천계의 식인자들은 인간들에게 적이자 잠재적인 인척이지만, 또 우리에게 하나의 이상을 나타낸다. 아라웨테 족은 16세기 투피 족의 식인적 사회학으로부터 자그마치 식인적인 종말론을 개발했다. 적들은 신들로 탈바꿈했다. 아니, 오히려 우리 인간은 이제 적의 자리를 차지하고서 죽음을 통해 우리의 적/인척인 신들로 변신하기를 희망한다. **마이**란 어떤 면에서 옛 투피남바가 신으로 모습을 바꾼 것이다. 여기서 알 수 있듯이, 투피 족의 번덕스러운 혼은 아직도 식인주의라는 문제와 연루되어있다.

미주

1   테일러(Anne-Christine Taylor)는 열대 아메리카 원주민이 특히 식물계의 관점에서 자연화되었음을 지적해왔다(Taylor 1984: 233 no.8). 그녀가 사용하지 않은 예로, 질베르투 프레이리(Gilberto Freyre)가 언급한 잉카 및 아스텍의 "광물적 저항"(mineral resistance)—여기서는 대리석이 아니라 청동의 비유를 들고 있다—과 브라질 야만인들의 "순수한 식물적 감수성 혹은 신축성"이라는 저항과의 대비를 참조할 수 있다(Freyre 1933: 214-15). 이러한 상상력의 역사를 추적하는 일은 의미 있는 작업일 것이다. 비에이라의 한 구절이 그러하듯이, 이는 종종 주세페 아르침볼도(Giuseppe Arcimboldo)의 작품을 떠올리지 않을 수 없게 한다. [옮긴이: 아르침볼도(1527~1593)는 16세기 후반에 활약한 밀라노 출신의 궁정화가로서 왕족이나 귀족의 초상화 화가들과 달리 계절, 원소, 직업 등에 관련된 사물을 인물상과 조합하여 개인의 특성을 나타내는 알레고리적 두상을 그려 인기를 끌었다.]
2   이러한 구절은 『성령말씀』에서 볼 수 있었다(Vieira 1657: 216). 아시아와 아메리카에서 나타나는 성 토마스라는 모티브 그리고 투피남바 족에서 나타나는 조화의 신 수메(Sumé)와 성 토마스의 동화에 대해서는 다음을 참조할 수 있다. Métraux 1928: 7-11, Buarque de Holanda 1969: 104-25.
3   민족지적 문헌과 마찬가지로 여기서도 16~17세기 브라질의 해안에 살았던 다양한 투피계 민족집단을 가리키는 부족 이름으로 '투피남바'를 사용한다. 즉 이 민족명은 원래의 투피남바 족뿐만 아니라 투피퀴임(Tupiquim)

족, 타모이오(Tamoio) 족, 테미미노(Temiminó) 족, 투피네(Yupinaé) 족, 카에테(Casté) 족 등 같은 언어를 사용하고 같은 문화를 공유하는 민족집단들을 가리킨다.

4 세라핑 레이치는 간다부(Pero de Magalhães de Gandavo)를 인용해도 좋았을 것이다. "그들은 매우 변덕스럽고 쉽게 변한다. 아무리 성가시고 또 있을 것 같지 않은 일이라도 믿으라고 설득하는 모든 것들을 그 자리에서 바로 믿는다. 그리고 아무리 말려도 믿은 것을 쉽게 부정한다…"(Gandavo 1576: 122 또는 같은 책 142쪽을 참조할 것. 여기서 변덕스러움은 개종 이외의 맥락도 가지고 있다). 또 레이치는 다음과 같이 결론지은 레리의 우화를 다룰 수도 있었다. "이것이야말로 이 가련한 민족의 변덕스러움, 인간의 퇴폐한 본성의 더할 나위 없는 사례다[…]"(Léry 1578: 193-94). 내가 착각하지 않았다면, 아브빌이야말로 이러한 관점에 동의하지 않은 유일한 인물이다. 그는 두 귀가 의심스러울 정도로 낙관적이었다. "다른 이들은 그들이 변덕스러우며 경박하다고 말한다. 정말로 그들은 변덕스럽다. 그런데 오직 이성에 의거할 때에만 '변덕스럽다'고 말할 수 있다. 그렇지만 그들은 합당한 주장에 잘 따르고, 자신이 바라는 것이 무엇이든 도리에 맞게 바라는 것을 스스로 바꿀 수도 있다. 그들은 경박하지 않다. 반대로 그들은 합리적이며 고집부리지 않는다…"(Abbeville 1614: 244). 대개는 아브빌과 마찬가지로 현지인에게 동정적이었던 카푸친회의 또 다른 수사인 에브뢰(Yves d'Évreux)조차 다음과 같이 언급한다. "그들은 술을 너무 좋아하고[…] 매우 음란하며[…] 나쁜 소식을 지어내고 거짓말하고 경박하고 변덕스럽다…"(Évreux 1614: 85). 또한 바스콘셀로스(Simão de Vasconcelos)의 『예수회 연대기』(Crônica da Companhia de Jesus)를 참조하면, "그들은 변덕스럽고 변화무쌍하다…"(Vasconcelos 1663: I, 103).

5 본문에서 예수회 수사의 편지를 인용할 때에 사용하는 로마자 I, II, III은 세라핑 레이치가 1956~58년에 편찬한 『초기 브라질 예수회 수사 서간집 Cartas dos primeiros jesuítas no Brasil』(전3권)의 권호에서 따온 것이다. 한편 권호를 표시하지 않고 인용하거나 언급한 문구는 『서간, 통지, 단문, 설교집 Cartas, informações, fragmentos históricos e sermões, Anchieta 1993』에서 가져왔다.

6 인디오의 '혼이 가진 세 가지 능력'에 대해서는 『이교도 개종에 대한 대화』를 참조할 것(Nóbrega 1956-57: II, 332-40).

7   구세계와 신세계에서 선교의 대조라는 주제는 빅토리아(Francisco de Victoria)와 소토(Domingo de Soto)[스페인의 살라망카를 중심으로 17~18세기에 활약한 살랑망카 학파의 창시자들], 그리고 그 후계자들의 성찰에서 중요한 역할을 한 것 같다. "[…]선교사들은 자신의 과제를 무엇보다 교화에 두었다. 유대교나 이슬람교의 신자들은 자신들의 신앙이 경멸하는 종교를 받아들여야 했지만, 인디오들은 그들과 달랐다. 인디오들은 오래된 삶의 방식이라는 장애물이 치워지기만 한다면 곧바로 이성의 빛을 보게 될, 다만 순진무구한 길 잃은 백성이었을 뿐이다"(Pagden 1982: 102).

8   이와 관련한 문헌은 무궁무진하다. 이베리아에서의 인간학적 논쟁에 대해서는 다음을 참조할 것(Pagden 1982). 브라질에서의 예수회 수사에 대해서는 기본적으로 다음을 참조할 것(Menget 1985: Baeta Neves 1978). 16세기에 인디오의 이미지에 관한 일반적인 논점에 대해서는 다음을 참조할 것(Carneiro de Cunha 1990). 투피남바 족에 관한 프랑스어 사료에 대해서는 다음을 참조할 것(Lestringant 1990).

9   망제(Patrick Menget)가 말했듯이, 예수회 수사들의 인간학은 인디오와 관련된 브라질 정부의 수많은 정책과 법 제정을 낳았다(Menget 1985: 192).

10 당연한 일이지만, 문화의 근대적 관념과 믿음의 신학적 관념 사이의 관계에 대한 다소 무거운 추정에서 유용한 내용을 이끌어 내려면 상당한 작업이 필요하다. 적어도 부르디외(Pierre Bourdieu) 이후 인류학자들의 "이론가적 태도"를 혹평하는 것은 하나의 관례로 자리 잡아 왔는데, 바로 이 태도란 인류학자들이 문화를 일련의 규칙과 원리 등으로 이뤄진 건축학적 체계로 본다는 것이다. 이 "이론가적" 입장 자체가 신학적 패러다임에 얼마나 의존하는지를 탐구하는 것은 흥미로운 일일 테다. 한편 앵글로 색슨계 전통의 인류학을 끊임없이 괴롭힌 믿음에 관한 질문은 아마도 흄(David Hume)에서 더 깊이 내려가 종교개혁의 인식론에 직접 그 뿌리를 내리고 있을 것이다. 빅토리아 시대의 종교인류학 형성에서 상징에 관한 칼뱅주의 교리가 어떤 역할을 했는지는 (이 교리가 칼뱅의 제네바 교리는 물론이고 기호의 자의성 원리에 공헌한 바에 대해서는 말할 것도 없다) 아직 제대로 해명되지 않은 또 다른 문제다.

11 문자 그대로 제3계급으로서 투피남바 사람들은 아코스타(José de Acosta)가 분류한 미개인의 세 번째 범주에 속하는 사례들 중 하나였다(Pagden

1982: 64-72). 세라핑 레이치는 다음과 같은 아주 재미있는 궤변을 늘어놓았다(Leite 1938: 12-13). 브라질 인디오들의 개종 문제는 **교리적**이기보다는 차라리 관습의 문제였기 때문에(원저자 강조), 예수회 개종 활동에는 어떤 폭력도 없었고, 선교사들이 인디오들을 개종시키기 위해 행한 물질적 협박에도 비도덕적 행동은 전혀 없었다. "왜냐하면, 어떤 종교나 의식(rite)을 억지로 떼어내고 다른 것을 강요할 때에만 폭력이 행해질 수 있기 때문이다. 지금 일어난 일은 그렇지 않았다." 이렇게 말할 수도 있겠다. **무종교**가 문화체계인 곳에 종교를 들이는 것은 단지 문화적 문제일 뿐이라고. 그리고 "**사람을 강권하여 내 집을 채우라**(*compelle intrare*)"[누가복음 14장 23절]라는 엄중한 명령은 품행을 세심히 가르치는 일이 된다.

12   그러나 그들[인디오들]은 또한 특히 백인 남성의 불의를 경험한 후에 가톨릭 교리를 조롱했을 수도 있다. 분개한 비에이라는 17세기 중반 이비아파바 산맥의 토바자라스(Tobajaras) 족의 선교 상황에 대해 다음과 같이 전한다. "많은 토바자라스 사람들은 잉글랜드나 독일에서 태어난 것처럼 칼뱅파나 루터파가 행하듯이 사원, 상, 십자가, 성체를 숭배했다. 그들은 교회를 가짜 교회라는 뜻의 '모안가의 교회(church of Moanga)'라 칭하고 기독교 교리를 사제들의 거짓말이라는 의미의 '사제들의 모란두바(moranduba of the abarés)'라고 부른다…"(Vieira 연도 미상: 231). 하지만 이보다 훨씬 전에 한스 슈타덴이 유럽인의 종교와 대면한 토착민의 비아냥과 마주친 적이 있다(Staden 1557: 100). "나는 그들을 위해 무언가를 노래해야만 했다. 그래서 나는 찬송가를 불렀고 그들의 언어로 노래 내용을 설명해야만 했다. 나는 '나의 신에 대해 노래했다'고 말했다. 그들은 나의 신이 그들의 언어로는 **테오우이라**(*teōuira*), 곧 쓰레기 조각이라고 대답했다…." 나는 그 단어가 레리가 사용한 소극적인 남색가라는 뜻의 **타이바르**(*tyvire*)와 같은 단어일지 모른다고 생각한다(Léry 1578: 200).

13   마라냥의 투피남바를 둘러싼 카푸친 수도회의 프랑스인 수사(아브빌과 에브뢰)의 두 서술에서는 유럽인의 품에 안기겠다는 사람들의 열의가 더욱 강조되고 있으며, 대범하고 호교적인 색채가 농후하다. 여기에는 예수회의 포르투갈인 수사들이 바로 적응한 비관적인 진중함도 보이지 않는다.

14   이 요구가 인디오들을 몰살시키는 중이던 전염병의 맥락에서 나온 것은 분명하다. 인디오들은 그 전염병을 프랑스인의 주술이라고 의심하고

있었다. 그렇기에 콜리니(coligny) 요새의 사령관에게 향했던 '불사'의 요구(Thevet 1575: 88을 참조)는 인디오들이 사령관을 장수를 베푸는 순수하게 긍정적인 존재가 아니라 우두머리 주술사로 이해했음을 암시한다. 편찬가들에 따르면 투피남바의 **파제**(샤먼 치료사)와 **카라이바**(샤먼 예언자)가 자주 인디오들을 주술적 죽음으로 위협했음을 상기해야 한다.

15 테베에 따르면 인디오들이 프랑스인을 마이르 모난(Maire Monan)의 아들로 받아들인 것은 프랑스인이 위대한 기술적 재능을 지녔고 듣도 보도 못한 수많은 사물들의 주인이었기 때문이다(Thevet 1575: 41). 문제는 이러한 측면에서 프랑스인과 별반 다르지 않은 포르투갈인들은 **마이르**라는 종족명으로 불리지 않고, 인격을 가진 이름인 페로(Pero)나 페드로(Pedro)에서 유래한 것으로 추정되는 **페로**(Peró)로 불렸다는 것이다. 안시에타는 프랑스인을 부를 때 마이르(Mair)라는 용어를 사용한 것이 어느 정도 포르투갈인과 관련이 있는 수메(Sumé)와 [마이르가] 적이라는 사실에서 기인한다고 믿었다(Anchieta 1584: 332). (나는 수메[Sumé]를 성 토마스와 관련지어 그 인물과 자신의 동포를 연결시킨 것은 안시에타 자신이었을 거라고 확신한다.) 프랑스인이 '마이르화된(mair-ized)' 또 다른 이유는 포르투갈인보다 노르만계 프랑스인 선원이 더 밝은 피부색과 금발을 가졌다는 점 때문일지도 모른다. (프랑스인은 **아주루주바**[ajurujuba] 즉 '노란 앵무새'로 불리기도 하였다.) 마이라(Maíra)의 새하얀 피부라는 테마는 피부가 변하면서 얻어지는 불멸의 모티프와 연관된 투피 족 신화 속에서 등장한다.

유럽인을 가리키는 일반적인 투피남바 족 용어는 **카라이바** 그 자체였던 것 같고, 이에 대한 안시에타의 설명은 합리적이다. 현대의 투피 족 사이에서 널리 퍼져있는 백인에 대한 종족명의 어원은 불분명하다. 몬토야(Montoya)는 과라니어의 **카라이바**(caraíba)가 (그에 의하면) '재능 있는, 현명한, 영악한'을 의미하는 어휘소 **카라**(cara)와 연결되어있다고 주장했다(Montoya 1640: 90v). 그리고 **카라이바**(karaiba)라는 말이 카리브해의 카리브인과 관계가 있는지의 여부를 판단하는 성가신 문제도 있다. 싱구(Xingu) 강 상류의 모든 부족들은 백인들을 **카라이바**라고 부른다. 폰 덴 슈타이넨(Von den Steinen)은 이것이 카리브에서 유래한 용어임을 확신했다.

처음에 **카라이바**로 불렸고, 그렇게 중요한 사람으로 대접받았던 유럽인들이 끝내 인디오들에게 **카라이바**가 약속한 것과 정확하게 반대의 것을 가져다주었음을 지적할 필요가 있다. 그들은 자유롭게 떠돌아다니는 것 대신에 강제 정착을, 노쇠 없는 장수와 풍요 대신에 전염병으로 인한 죽음과 노예 노동을, 적에 대한 승리 대신에 전쟁과 식인풍습의 금지를, 결혼생활의 자유 대신에 새로운 제약들을 가져다주었다.

16 이후 독자는 엘렌 클라스트르의 분석에서 앞뒤가 안맞는 몇몇 지점을 보게 될 것이다. 그렇다고 해도 『악 없는 땅 La Terre sans Mol』이 그 통찰과 밀도에 있어서 특히 투피과라니 철학의 중심적 주제의 특징에 관한 탁월한 저작이라는 나의 생각에는 변함이 없다.

17 따라서 투피남바 사람들은 자신들이 '백인으로 변하려는' 만큼이나 백인들이 투피남바 사람으로 변하길 바랐다고 할 수 있다. 예수회의 편지는 기독교인이 여러 인디오 여성과 결혼하고, 마을 한복판에서 적을 죽이고, 의례를 위한 이름을 부여받고, 심지어 인육을 먹는 등 기독교인의 원주민화(going native)를 거치는 것에 대한 불만으로 가득 차있다.

18 에브뢰의 저작에서 개종에 관한 고양되는 대화를 참조할 수 있다(Évreux 1614:「두 번째 개론」15장과 21장). 여기서 인디오들은 신부들에게 수많은 우주론적·신학적 질문을 던지고 있다.

19 묵시록적 동기와 관련해서는 현대 과라니 사람의 전형인, 쿠르트 니무엔다주[Curt Nimuendaju, 독일-브라질 인류학자]가 연구한 아파포쿠바(Apapocuva) 사람들(Nimuendaju 1914) 외에도 와야피(Wayãpi) 사람들(Gallois 1988), 아라웨테(Araweté) 사람들(Viveiros de Castro 1986)을 참조할 수 있다. 엘렌 클라스트르는 (매우 모호한 테베의 구절을 제외한다면) 연대기적 문헌들에서 세계의 종말이라는 토착적 테마에 관한 언급을 사실상 찾을 수 없다고 주장한다(H. Clastres 1975: 35). 하지만 「브라질 초대 예수회의 서신」에서 안시에타는 그가 가르친 늙은 인디오에 대한 일화를 들려준다(Anchieta 1563: III, 560). "노인에게 가장 인상 깊었던 부분은 그리스도의 부활이라는 미스터리였다. 그는 '진정한 신은 무덤을 떠나 승천하시어 분노로 가득 찬 채 모든 것을 불태우기 위해 반드시 다시 돌아오는 예수이시다'라는 말을 여러 차례 반복했다." [노인의 진술을 보면] 최후의 심판에서 영향을 받은 것이 분명하지만, 투피 신화에도 온 세상을 뒤덮는 화마(conflagration)가 나오기에 의심쩍다. 어쨌든 이 기독교적

테마가 노인을 사로잡았다.

20 브라질 연안의 예수회 수사들은 자신들이 이끄는 양들에게 실망하면서 파라과이로 옮겨가려는 꿈을 오랜 세월 간직해왔다. 왜냐하면, 그 땅의 인디오, 즉 과라니 족의 경이로움을 듣고 있었기 때문이다. 그러니까 과라니 사람들은 대단한 기독교도들이고 단혼을 하고 사람을 먹지 않고 참된 추장을 갖고 있고 신부들을 따른다는 것이었다. 안시에타는 다음과 같이 요약한다. "이 인디오들(투피 족) 외에도 저 멀리 바닷가에 흩어져 사는 이교도들이 있다. 이들은 카리조(Carijós)라 불린다. 이들은 음식, 생활양식, 언어 등에서 투피 족과 별로 다르지 않지만, 더 유순하고 신에 관한 것들을 좋아한다. 우리는 여기서 우리 곁에서 죽은, 신앙에 관한 확고하고 일관된 믿음을 가진 자들이 안겨준 경험을 통해 이를 분명히 배워 알고 있다"(Anchieta 1554: II, 116; Nunes 1552: I, 339-40; Nóbrega 1553: I, 493-94; 1553: II, 15-16; 1555: II, 171-72; 1557: II, 402-03; 1558: II, 456-57). 여기에는 확실히 이상화가 상당 부분 개입되어있다. 브라질의 예수회 수사들은 많은 카리조 사람들이 식인을 하지 않는다고 주장하니 말이다. (형제 페루 코헤이아와 주앙 지 소자가 1554년에 남부 카리조 사람들에 의해 죽임을 당했음에도—게다가 그들과 동반한 2인의 인디오가 그들을 게걸스럽게 먹어치웠다—안시에타는 이 자들이 아직 순화되지 않았지만 민족 대부분이 스페인 사람에게 잘 복종하고 있다고 설명한다.)

21 이와 매우 유사한 문제에 대해 영감을 주는 논의로는 미얀마의 아카(Akha) 족에 관한 데보라 투커(Deborah Tooker 1992)의 논문을 참조할 수 있다. 이 논문을 알려준 팀 잉골드(Tim Ingold)에게 감사한다.

22 엘렌 클라스트르는 노래하는 자나 '연설의 주인'의 위신과 면책특권이 오로지 카라이바에게만 적용된다는 것으로 자료를 해석함으로써 카라이바의 치외법권에 관한 자신의 이론을 확증하고자 했다. 나는 이 주장이 맞지 않다고 생각한다. 블라스케스는 다음과 같이 말한다. "나는 이 마을에서 우두머리를 보았고, [...] 사람들이 그 사람을 크게 신뢰한다는 것을 알았다. 그를 '연설의 왕'이라고 불렀기 때문이다"(Blázques 1561: III, 408). 안시에타는 이렇게 말한다. "로마인들처럼 그들은 연설의 명수에게 큰 관심이 있고 그자를 연설의 왕이라고 부른다. 연설의 명수는 자신이 원하는 대로 그들을 끝낼 수 있고 전쟁에서 서로 죽이거나 죽이지 않게 할 수 있고 어느 편에나 붙을 수 있다. 그는 삶과 죽음을 주관하는 주인이다. [...]

이렇듯 그들 가운데 전쟁에서 사람을 죽이라고 선동하고 이 운명의 위업을 내세우는, 매우 존경받는 연설가들이 있다"(Anchieta 1585: 433). 소아르스 드 소자는 이렇게 말한다. "이 이교도 사이에는 평판이 자자한 음악가들이 있으며, 음악가들은 가는 곳마다 융숭한 대접을 받는다. 그리고 이미 이들은 어떤 위해도 받지 않고 적지를 가로질러 오지의 마을들을 다녀갔다"(Soares de Souza 1587: 316). 몬테이루는 다음과 같이 말한다. "이 예술[노래]에 담긴 달콤함은 매우 사랑스러워서 적을 지배할 정도다. 노래를 잘하는 가수나 창작자는 천둥과 같이 진귀해서, 예술의 휘장은 그에게 생명을 준다. 음악만이 많은 이야기를 할 수 있기에, 음악은 그 땅에서 죽음을 피할 수 있는 유일한 처방이다"(Monteiro 1610: 415). 위의 인용 어느 것도 카라이바만을 언급하고 있다고 해석할 수 없고, 오히려 투피남바 사회에서 음악과 연설이 갖는 일반적인 가치를 보여준다. 개종의 전술로서의 음악에 대해서는 다음을 참조할 것(Azpicuelta 1550: I, 180; Blázques 1557: II, 350-351). 또 피레스의 재밌는 글까지 아울러서 맛보자면 다음을 볼 것(Pires 1552: I, 383-84).

23 따라서 신부가 어떤 부류의 카라이바였다고 한다면, 카라이바는 어떤 부류의 신부였다. 에브뢰의 글에서 샤먼인 바카몬이 신부가 되려는 욕망을 어떻게 표현했는지는 다음을 참조할 것(Évreux 1614: 241). 한 예언자가 기독교 담론을 어떻게 오용했는지의 사례는 다음을 참조할 것(Abbeville 1614: cap.XII).

24 추장과 '위대한 면도날' 사이의 다툼에 대해서는 다음을 참조할 것(Évreux 1614: 220-21).

25 나는 피터 가우(Peter Gow 1991b, 1991c)가 국립박물관에서 했던 두 개의 강연을 통해 제시한 개념을 가져왔다. 마찬가지로 아라웨테의 '담론에 의한 정책(discursive policy)'에 관해서는 다른 곳에서 이미 제시한 견해(Viveiros de Castro 1986)를 다시 다루었다.

26 한스 슈타덴처럼 신학적인 사고방식이 별로 없는 사람들은 방울 그 자체를 믿음의 대상으로 보았다. "그 야만인들은 조롱박처럼 자라나는 어떤 사물을 믿는다"(Staden 1557: 173). 방울의 의인화에 대해서는 다음을 참조할 것(Azpicuelta 1555: II, 246).

27 신체적 체벌이나 가혹한 명령에 대한 인디오들의 거부 그리고 그로부터 다시 그들을 권위에 대한 두려움 속에서 교화하는 것의 어려움에 대해서는

루이스 다 그랑(Luís da Grã)이 두 번에 걸쳐 기록한 바 있다(Grã 1554: II, 136-37; 1556: II, 294).

28 내 생각에 엘렌 클라스트르는, 투피과라니 족의 초기 정치적 집권화(political centralism)라는 논제―그래서 위대한 전쟁 지도자들의 위험한 전-국가주의적(pre-statist) 권력을 문제시하는 예언자들의 혁명적 역할―를 강조하려다 카라이바를 향한 인디오들의 바로 그 변덕스러운 회의론을 암시하는 자료를 최소화하려는 경향이 있었다. 또한 그녀는 해안가 투피 사람들의 '왕의 부재', 즉 정치적 집권화의 흔적을 지닌 강력한 정치 권력의 부재에 대한 예수회 수사들과 편찬가들의 수많은 목격담을 고려하지도 않은 것 같다. 최소한, 오늘날 파라과이에 사는 과라니 족과 해안가의 투피 족 사이에는 심대한 차이가 있을 수 있다는 점이 강조되어야 한다. 아니면, 그녀 자신을 인용하자면, "투피과라니 문화의 동질성은 명백하게, 첫 번째 집단에게서는 사실이라고 알려진 특성을 두 번째 집단에게 자동적으로 귀속시키는 것을 허용하지 않기 때문에 [우리는] 신중해야 한다"(Clastres 1975: 22; 해안가의 투피 사람들 사이에서의 정치 권력에 대해서는 파우스투(Fausto 1992)를 참조할 것).

29 이러한 물질적 편의는 바로 가치를 높이는 전통적인 실천들을 강화할 가능성이 있다. 여기서는 페루 코헤이아의 주목할만한 편지(Pero Correia 1553: I, 445)를 참조하자. 그는 철기구의 도입과 경작지의 증대 그리고 원인균과 전쟁의 격화 사이의 인과관계를 고찰하고 있다.

30 백인에 대한 이 아이러니한 관용의 가장 좋은 예는 니무엔다주의 재미있는 구절(Nimuendaju 1914: 28-29)에서 찾을 수 있다.

31 여기서 예수회가 강경노선으로 방향 전환한 것을 논할 수는 없다. 이와 관련된 예수회 수사의 주요 편지의 발췌문은 다음과 같다(Anchieta 1554: II, 114, 118; 1555: II, 206-08; Câmara 1557: II, 421; Nóbrega 1557: II, 401-02; 1558: II, 447-48, 450; Pires 1558: II, 463; Nóbrega 1559: III, 72; Pereira 1560: III, 293). 안시에타의 유명한 편지도 참조할 수 있다(Anchieta 1563: III, 554).

32 투피 족의 전쟁과 식인풍습에 대해서는 다음을 참조할 것(Métraux 1967; Fernandes 1949, 1952; Clastres 1972; Viveiros de Castro 1986; Combès 1992; Carneiro da Cunha & Viveiros de Castro 1985; Combès & Saignes 1991; Fausto 1992).

33   이 때문에 예언자 담론의 부정적인 성격에 관한 엘렌 클라스트르의 논제는 지지받을 수 없게 되었다. 과연 전쟁이 투피 사회의 기초이며 나아가 카라이바의 주요 테마 중 하나일까…?(Carneiro da Cunha & Viveiros de Castro 1985: 196). 예수회 수사들과 그 외 편찬가들의 편지와 기록은 샤먼의 말과 전쟁 사이의 그러한 관계를 풍부하게 증언하고 있다. 다음을 참조할 것(Correia 1551: I, 225; Anchieta 1554: II, 108-09; Blázquez 1556: II, 270; Staden 1557: 174; Léry 1578: 190-91).

34   카르징(Fernão Cardim) 또한 참조할 것. "남자아이라면 활과 화살을 만들어주어라. 그리고 한쪽 어깨에 활을, 다른 한쪽 어깨에 대량의 독초가 담긴 망을 걸쳐주어라. 아이들이 적을 죽이고 먹어야 하기 때문이다"(Cardim 1584: 107).

35   이것과는 별개의 급부로서 아내의 남자 형제에게 딸을 증여하는 것이 있었다. 잘 알려져 있듯이, 투피남바 사람들은 삼촌-조카 간 결혼(avuncular marriage)의 열렬한 지지자들이었다. 이러한 의무를 준수하지 않으면 아내의 남자 형제는 자신의 누이나 여동생을 되찾아올 수도 있었다. 비센치 호드리게스의 설명을 참조해보자. "그들은 복수하고자 전쟁에 나갔고 같은 마을의 지도자의 아들인 바스티안 텔레즈(Bastián Téllez)라는 […] 기독교도 또한 나갔다…. 이들은 수많은 적을 죽이고 포획했으며 바스티안 텔레즈 또한 그의 몫으로 주어진 포로를 잡았다. 그들이 승리했으므로 바스티안 텔레즈의 처가 친척들은 그가 잡은 포로를 요구했고 텔레즈가 포로를 주지 않으면 텔레즈의 아내를 데리고 가야 한다고 말했다. 그는 아내를 빼앗겼을 때 백인들 앞에서 받게 될 수치심 때문에 아내의 친척들에게 포로를 내주었다"(Rodrigues 1552: I, 307). 딸의 증여의무가 처가살이(uxorilocality, 母居制)를 벗어나는 조건이었다는 것, 그리고 방금 결혼한 젊은 남자가 그의 인척에게 포로를 선물해야 하는 의무에 관해서는 테베를 참조할 것(Thevet 1575: 130, 132).

36   이름과 함께 기억되기 위해 반흔문신을 덧새기는 것에 대해서는 다음을 참조할 것(Anchieta 1585: 434; Abbeville 1614: 268). 죽인 포로의 수가 늘어감에 따라 얼굴에 집어넣는 장식물이 늘어가는 것에 대해서는 다음을 참조할 것(Monteiro 1610: 409). 일부다처와 위신의 관계에 대해서는 다음을 참조할 것(Thevet 1575: 135-36; Léry 1578: 199; Soares de Souza 1587: 304; Abbeville 1614: 222-33, 255). 예수회 기록에서 통상 일부다처와 전쟁의

업적 간의 관계는 단순한 병렬에 머문다. 나는 거기서 어떤 인과적인 연결을 찾지 못했지만, "브라질과 그 행정구역에 관한 고지"(Informação do Brasil de suas capitanias)의 한 구절(Anchieta 1584: 329)은 예외적이다. 한 사람의 남성은 통상 3인에서 4인의 아내를 두는데, 예외적으로 "추장이나 용감한 자라면 10인, 12인, 나아가 20인까지 아내를 둔다"라고 적힌 부분이 있다. 여자들을 통한 이름의 축적이 그 여자들의 남편이 잡아서 죽인 포로의 수와 일치할 수도 있다는 것에 대해서는 슈타덴을 참조할 것(Staden 1557: 170). 몬테이루는 여자들이 포로 환대의식에 참여하는 순간 새로운 이름을 얻었다고 덧붙이고 있다(Monteiro 1610: 411). 아내를 내어준 인척에 대한 남자들의 종속에 관해서는 다음을 참조할 것. "이 땅에서 장인은 딸의 남편을 거느리고, 그녀의 남자 형제는 그녀의 남편을 따른다"(Grã 1556: II, 295).

37 물론 투피남바 족의 전쟁이 오로지 낙원에 들어가는 목적만을 가졌다거나 대체로 그랬다고 단정 짓는 것은 성급한 결론일 수 있다. 핀다부수가 복수의 명령을 어기지 않은 이유로 그 자신의 혼의 구원을 들지 않았다는 점을 상기해보자. 그는 오히려 그에게 주어진 의무를 방기하지 않겠다고 단언했다. 그가 문제시한 것은 절대적인 수치심이지 영원한 지옥이 아니었다. 그러한 전쟁이 종교적인 연관성이 많았다는 점, 그리고 투피남바 족이 인격의 불멸성이라는 주제에 어느 정도 매료되었다는 점은 의심할 여지가 없다. 그러나 그들은 전사의 용맹함이라는 규범을 따르고자 했기 때문에 천국에 도달하기를 바란 것이지, 천국에 도달하기 위해 그러한 규범을 따른 것이 아니라고 나는 생각한다. 여자들이 천국에 도달할 가능성에 대해서는 알려진 것이 거의 없다(Métraux 1928: 112 참조).

38 "그리고 이로부터 합당한 이유가 없는 전쟁이 나타났다. 이 전쟁은 오로지 복수라는 단 하나의 관념과 짐승의 불안한 본성에서 생긴 것이다. 이러한 이유로 그들은 이렇게나 잔인해진다. 파리가 그들 눈앞에 지나가기만 해도 보복을 하고 싶을 정도로 깊이 빠져있다"(Thevet 1575: 207).

39 따라서 많은 포로들은 유럽인에게서 도망치거나 유럽인에 의해 구해졌을 때 혐오감을 느꼈다. "심지어 어떤 이들은 너무 야만적이어서 일단 포로로 잡히면 도망치고 싫어하지 않는다. 이미 마을 한복판에 묶여 고통받을 준비가 된 자에게 목숨을 보전할 수 있도록 해주어도 이를 거부하였으며 차라리 죽기를 바랐다. 그는 그의 친척들이 자신을 용감하다고 여기지 않을

것이며 모두가 그에게서 떠날 것이라고 말했다. 이러한 이유로 그들은 죽음을 대수롭지 않은 것으로 여겼고, 그때 그들은 그 단계[죽음]에 대해 고려하거나 어떠한 슬픔도 보이지 않았다"(Gandavo 1980: 55). 아브빌 또한 참조할 것. "그들이 누리는 자유의 관점에서 충분히 도망칠 수 있는데도, 그들은 그들이 곧 죽임을 당하고 잡아먹힐 것을 알더라도, 절대로 도망치지 않는다. 만약 포로가 도망친다 해도, 그는 적들에게서 고문을 겪고 죽임을 당하지 않았기 때문에 그의 땅에서 '쿠아베 에임(cuave eim)', 즉 불쌍한 사람, 겁쟁이로 여겨져 수많은 비난을 받고 죽게 될 것이다. 마치 그의 민족이 그의 복수를 해줄 만큼 강하고 용감하지 못한 것처럼"(Abbeville 1975: 230-31).

40 다른 곳(Viveiros de Castro 1986)에서 나는 플로레스탕 페르난지스의 공희 이론에 대한 비판과 반론을 제기했다.

41 "사실 우리가 있는 곳에서 9마일 떨어진 어느 포르투갈인 거주지에 사는 포르투갈인 아버지와 브라질인 어머니에게서 태어난 기독교도 중에는, 신의 도움을 받아 건물을 세우려는 우리에게 그들의 신부[주앙 하말류(João Ramalho)]와 더불어 결코 땅을 내어주지 않으려는 자들이 있다. 이 자들은 세례 지원자들이 반복적으로 죄를 짓게 해 우리에게서 멀어지게 하고, 그들에게 인디오처럼 활과 화살을 사용하는 자들을 믿으라고 설득했다. 그래서 그들은 이곳의 악행 때문에 이곳에 파견된 우리를 통한 믿음을 갖지 않게 되었다. 이런 비슷한 일들로 인해 어떤 자는 신의 말씀에 대한 설교를 믿지 않고, 또 어떤 자는 교회에 갇힐 수 없다고 하면서 더 자유롭게 살기를 바라며 우리에게서 멀어져서 구습으로 되돌아가게 되었다. 우리 형제들은 우리가 있는 곳에서 90마일 떨어진 곳에 있는 사람들을 교화하기 위해 약 일 년을 허비했다. 그래서 그들은 이교도의 관습을 포기하고 우리 형제들을 따르겠노라 결심하며, 두 번 다시 살인하지 않을 것이며 사람고기를 먹지 않겠다고 우리에게 약속했다. 그러나 지금 그들은 저 기독교도들에게 설득당해서 비도덕적이고 끔찍한 타락의 충동에 이끌려, 사람을 죽이려 할 뿐만 아니라 사람을 먹으려고 한다"(Anchieta 1554: II, 114-15). 이 단락은 개척민과 예수회 수사를 갈라놓은 심각한 적대관계의 한 사례로 볼 수 있겠지만, 개척민이 배신을 한 사례로 직접적으로 해석한다 해도 무방하다. 왜냐하면, 이 사례는 유럽인의 '원주민화(indigenization)'의 한 예시에 포함시킬 수 있기 때문이다(미주 17 참조).

42 인디오들이 신부들의 항의를 받는 중에도 반대편을 먹기 위해 사용한

계략에 대해서는 노브레가를 참조할 것(Nóbrega 1550: I, 159-60).
죽어서 먹히는 운명에 당면한 포로를 구하는 어려움에 대해서는 다음의 노브레가와 호드리게스를 참조할 것. "투피니키니(Topenichini) 족의 그 자는 해방된다는 것을 극히 어려워한다. 이 자는 이제까지 단 한 번도 그러한 것을 생각해본 적이 없기 때문이다"(Nóbrega 1550: I, 165). "그리고 그들은 그를 토막 내어 나누어 먹기로 결정했다. 우리가 그를 데리러 갔을 때 그는 바람에 흔들리는 가지처럼 몸을 떨었다. 그리고 그렇게 약해지는 모습을 보이기 전에 죽기를 희망했다"(Rodrigues 1552: I, 307-08).

43 투피남바 족에게는 사람고기 맛이 뛰어났다는 것에 대해서는 콤베가 수집한 참고자료를 볼 것(Combès 1987). 쿠냥베비의 반응에 대한 분석은 줄저를 참조할 것(Viveiros de Castro 1986: 625-26).

44 이페로이그 족의 일부 여성들이 느끼는 사람고기에 대한 혐오스러운 공포(안시에타 참조)는 식인풍습의 여성적 지분에 반대하는 시위로 간주될 수도 있다.

대담*

'엑스트라 모던'의 형이상학
: 사고의 탈식민화에 관하여

인식론에서 존재론으로

스카피시   당신은 우주론적 퍼스펙티브주의와 다자연주의라는
개념을 발전시킨 것으로 라틴아메리카, 유럽, 그리고
일본에서 익히 알려져있지만, 미국에서는 그만큼의
두각을 드러내지 못했습니다. 이제야 미국에서도
조금씩 알려지고 있습니다. 몇몇 미국인들이
묻더군요. 왜 하필 인류학에서 존재론인가?

카스트루   나는 내 작업, 특히 아메리카 원주민의
퍼스펙티브주의에 관한 내 텍스트가 종종
존재론(ontology)이라는 용어, 또 그와 더불어

---

*   에두아르두 비베이루스 지 카스트루와 피터 스카피시의 대담. 피터
스카피시는 캘리포니아 버클리 대학에서 인류학 박사학위를 받았고
『식인의 형이상학』을 영역했다. 대담 출처는 다음과 같다. Skafish, Peter and
Eduardo Viveiros de Castro. 2016. "The Metaphysics of Extra-Moderns: On the
Decolonization of Thought — A Conversation with Eduardo Viveiros de Castro."
Common Knowledge. 22(3): 393-414, Duke University Press.

존재론적 전회(ontological turn)라는 현란한 표현과 연관된다는 사실을 잘 알고 있습니다. 존재론적 전회는 20세기 인간과학과 철학에 뚜렷한 족적을 남긴 이른바 언어적 전회(linguistic turn)가 차지한 자리를 찬탈할 수도 있는, 전망과 방향성의 전환을 가리킵니다. 내가 존재론이라는 용어를 처음 썼을 때는 그리 거창하지 않았습니다. 내 기억이 틀리지 않는다면 이 용어는 1998년 케임브리지에서 진행한 퍼스펙티브주의에 관한 강의에서 처음 등장했고, 강의록은 후에 「관계적인 원주민」*이라는 제목의 논문으로 출판되었습니다. 용어는 강의 맨 끝에 등장합니다. 그 이유는 강의가 세계로의 접근 조건, 지식에 대한 가능성의 조건을 둘러싼 서양 철학에 대한 후기-칸트주의적 집착을 비판하면서 끝나기 때문입니다. 비난에 가까웠다고 할까요? 그때 나는 인식론적 질문들에 대한 집착이 곳곳에 눌어붙어 있다고 느꼈습니다. 나는 인류학이 근대성의 시작과 함께 생겨나서 데카르트, 흄, 칸트의 작업 속에서 면면히 흐르고 있는 형이상학의 인식론화(epistemologization)라는 일반 동향에

---

* Viveiros de Castro, Eduardo. 2013. "The Relative Native." Julia Sauma and Martin Holbraad (trans.) *HAU: Journal of Ethnographic Theory* 3(3): 473-502. 강의는 케임브리지 대학 사회인류학과에서 "아마존 둥지에서의 우주론적 퍼스펙티브주의(Cosmological Perspectivism in Amazonia and Elsewhere)"라는 제목으로 진행되었다.

깊게 뿌리박힌 학문이라고 보았습니다. 그리고 인류학은 굉장히 칸트적인 학문이며 이 철학적 기획의 실증 부문이라고 여겼습니다. 그래서 그 강의에서 나는 인간과학 쪽에서 존재론적 질문들을 회피하거나 주저해왔고 그에 따라 존재론적 질문들은 늘 물리학이나 다른 자연과학에 떠넘겨졌다고 주장했습니다. 인간과학의 사정권 안에 있는 존재론적인 것은 인간 두뇌뿐이었습니다. 그렇긴 하지만 많은 사람에게 두뇌는 인류학자들이 다루기에는 이미 '너무나 존재론적'이었습니다.

스카피시 그처럼 존재론이 인류학과 프랑스 철학에서 현대적 용법을 획득하기 거의 십 년 전에 당신은 이미 그 용어를 사상*과 연관시켰습니다. 사물에 대한 인간의 표상과는 반대로 말이죠.

카스트루 네, 하지만 내 문제는 달랐습니다. 인류학은 지식의

---

* 사상(事象)은 'things'를 번역한 것이다. 우리는 보통 '사물'을 이미지나 의미가 덧씌워진 관찰 가능한 물질적 형상으로 생각하지만, 여기서 'things'는 이미지나 의미와 분리되지 않고 오히려 이미지나 의미 그 자체의 최종적인 성질을 가리킨다. 이 글에서는 'things'가 사물 일반을 가리킬 때는 '사물'로 번역하고 이미지나 의미 그 자체의 최종적인 성질을 가리킬 때는 '사상(事象)'으로 번역하기로 한다. 후자의 'things'에 관해서는 Henare, Amiria, Martin Holbraad, and Sari Wastell (eds.) 2007. *Thinking Through Things: Theorising Artefacts Ethnographically*. Intl Specialized Book Service Inc, pp. 3-5 참조.

비교 형식―로이 와그너(Roy Wagner)의 표현을 빌리자면, "인간 현상의 비교 연구"―입니다. 그거참! 만약 그렇다면, 그때 '인간 현상'은 실재성 혹은 존재를 인지하고 경험하는 양식에서의 다양한 변이에 주목하지 않을 수 없습니다. 인류학은 그 분야가 보통 생각되듯이 인간의 과학이 될 수 없었습니다. 인류학은 인간과 인간 환경을 실현하는 다양한 방식들에 대한 과학이어야 했습니다. 인류학이 비교의 학문이고자 했다면, 가장 먼저 비교해야 할 것은 자신과 다른 형식의 사고들이었습니다. 그리고 이 명령은 인간 집합체들이 만들어낸 다양한 인류학들의 존재론적 전제에 대한 비교를 제안합니다. 바로 그런 사실들로 인해 인간 집합체들은 자신의 삶을 만들어내는 과정에서 삶의 생산에 대한 자신의 성찰을 만들어냈습니다. 즉 그들은 자신의 인류학을 만들어냈습니다. 그래서 내 생각에 근대 인류학이 해야 할 첫 번째 일은 자신을 그 외의 비근대적인(unmodern) 비서구 인류학들과 비교하는 것입니다. 달리 말하면, 자신을 "민족인류학(ethnoanthropology)"으로 재규정하는 것입니다. 우리가 "민족과학"과 "민족의학" 등으로 부르는 것과 같은 의미로 말입니다. 이를 통해 우리가 수행한 인류학은 우리가 연구한 인류학들과 똑같은 인식론적 수준에 놓일 겁니다.

스카피시 왜 이런 다양한 인류학들이 각기 다른 현지 지식으로 간주되어서는 안 되는지 인류학자들만 궁금해하는 것은 아닐 것입니다. 왜 그것들이 여하간 '존재(Being)'를 다르게 인식하거나 형상화한다고 가정하는 겁니까?

카스트루 다시 말하자면, 내 작업에서 존재론적 테마는 굉장히 특정한 틀에서 제기됩니다. 내게 존재론은 존재론과 인식론의 대립에서 한 축을 맡고 있기 때문입니다. 나는 존재론이라는 말을 인식론에 대항하는 무기이자 호시절의 뒤르켐주의자에 의한 '지식 사회학'으로서의 인류학에 대항하는 무기로써 사용했습니다. 당시 지식 실천(knowledge practices)이라는 어구가 매우 유행했습니다. 나는 지식 실천이라는 관념에 반대할 것이 없었고 인류학 자체가 참으로 흥미로운 지식 실천의 하나라고 생각했습니다. 하지만 나는 우리가 공부한 것이 한 민족집단의 지식에 대한 지식으로 환원되는 것이 속상했습니다. 나는 인류학의 가장 큰 대상인 문화가 앎의 한 형식으로, 세계를 분류하고 조직하는 한 형식으로, 즉 인식론으로 환원되는 문제를 풀고자 했습니다. 여기서 인식론은 확장적이고 현상학적이며, 원한다면 '실천적(pragmatized)'이기까지 합니다. 그럼에도 불구하고 인식론은 어디까지나 인식론입니다.

아마 처음으로 이 문제에 도달했을 로이 와그너는 다음과 같이 주장했습니다. "문제는 우리가 다른 사람들의 문화들을 우리의 자연과 문화 개념으로 형식화한다는 것이다. 그렇게 해서 우리는 둘을 가지게 되었고 그들은 하나만 가지게 되었다. 여기에는 단 하나의 자연, 곧 우리의 자연만이 있을 것이며 그들과 우리의 두 문화가 있을 것이다." 둘 대 하나, 이 얼마나 불공평한 상황입니까! 우리는 비교의 울타리 양쪽 모두에 문화와 자연을 하나씩 가지고 있어야 하고, 그에 따라 인식론과 존재론도 마찬가지로 양쪽 모두에 하나씩 있어야 합니다. 아라웨테 사람들은 우리와 다른 문화를 가지고 있을뿐더러 다른 문화를 가지고 있기 때문에 다른 자연을 가지고 있습니다. (그 역 또한 마찬가지입니다.) 이 문제와 관련해서 존재론을 언급하는 것은 내게 자연이 문화만큼 다양할 수 있음을 보여주는 하나의 방식이었습니다. 물리학자들이 파동/입자 이중성의 존재론 혹은 '루프양자중력' 이론의 존재론을 이야기할 때, 그들은 그러한 이론들이 겨냥하는 특정한 대상과 과정을 언급하는 것입니다. 이처럼 내가 다른 사람들의 존재론을 언급하는 것은 다른 사람들의 개념의 대상을 탐구할 것을 뜻합니다. 그들이 살아가는 세계가 무엇으로 만들어졌는지를 보기 위해서 말이죠.

칸트 너머의 형이상학들

스카피시   최근 들어 당신은 형이상학이라는 용어를 가지고
당신의 연구뿐만 아니라 그 대상을 특징짓고자
했습니다. 그런데 이 용어는 당신의 케임브리지
강의를 출발점으로 삼은 유럽 인류학자들 사이에서
당신과 같은 방식으로 통용되지는 않습니다.*

카스트루   인류학 담론에서 철학적 용어를 사용하는 데에
사람들이 그렇게 불편해하고 걱정하는 모습이
나는 그저 재밌을 뿐입니다. 왜 사람들은 현상학에
대해서는 불평하지 않을까요? 현상학이라는
말은 모두가 대체로 사용하고 있고, 존재론이나
형이상학만큼이나 철학적이고 기술적인데 말이죠.
확실히 현상학은 신만이 아는 어떤 지적 근본주의의
이름으로 같은 기원을 공유하는 용어들을
적극적으로 거부하는 '시민권'을 가지고 있는

---

*   비베이루스 지 카스트루의 형이상학이라는 용어의 사용법을 살펴보는
데에는 『식인의 형이상학』(박이대승, 박수경 옮김, 후마니타스, 2018)과
Charbonnier, Pierre, Gildas Salmon, and Peter Skafish (eds.) 2016. "Metaphysics
as Mythophysics, or, Why I Have Always Been an Anthropologist."
Comparative Metaphysics: Ontology after Anthropology. London: Rowman and
Littlefield를 참조할 수 있다. 비베이루스 지 카스트루가 참여한 형이상학에
관한 학회("Métaphysiques Comparées")는 2013년 7월 26일부터 8월
2일까지 스리지 국제문화센터(Centre Culturel International de Cerisy)에서
열렸다.

듯합니다. 두말할 것도 없이 신화학, 현상학, 인류학 자체가 그리스의 철학적 용어들인데, 왜 존재론과 형이상학은 꺼리는 걸까요? 고백하자면 내가 이해하지 못하는 뭔가가 여기에서 벌어지고 있는 모양입니다.

스카피시 어쩌면 우리는 근대사상 내부로부터든 아니면 그 밖에서든 존재론들 사이의 수렴과 분기를 생각하는 방법에 대한 한 가지 이름으로서 형이상학이 필요했을 겁니다. 여하간 이 말은 인류학자들이 쓸 때 더욱 도발적입니다. 이 말의 사용은 다른 민족집단들이 근대의 지식인들만큼이나 많이 그리고 인상적인 방식으로 사고한다는 것을 시사합니다.

카스트루 인류학은 수많은 것이 될 수 있다고 생각합니다. 즉 인류학자가 무엇을 연구하는지에 따라서 그것은 비교 경제학, 비교 정치학, 비교 식물학이 될 수 있습니다. 하지만 또 인류학이 다른 민족집단들의 형이상학이 무엇인지를 연구한다면 형이상학도 될 수 있습니다. 가장 중요한 점은 전문적인 철학자가 아닌 다른 민족집단도 형이상학적 사변을 파헤칠 수 있다는 겁니다. 형이상학은 서양의 혹은 학술적 전통의 혹은 철학자들의 사유재산이 아닙니다. 형이상학은 모든 인간 존재의 필수적인 활동입니다. 또 비인간 존재들도 그러할지 누가 알겠습니까?

형이상학은 느슨한 의미에서 보편적 혹은 더 정확히 말해서 다원보편적(pluriversal)이거나 횡단적(transversal)입니다. 메릴린 스트래선(Marilyn Strathern)은 아름답고 정교한 문체로 다음과 같이 말합니다. "문화의 좋은 점은 모두가 그것을 가지고 있다는 것이다." 이 말에 공명하자면, 나는 형이상학의 좋은 점은 모두가 그것을 가지고 있다는 것이라고 하겠습니다. 그런데 스트래선이 문화에 대해 말하고자 한 것과 같은 의미에서 모두가 그것을 다르게 가지고 있습니다.

스카피시 형이상학이 '다원보편적'이라고 말하는 것은 근대의 이론 철학을 모든 곳에 투사하자는 것이 아닙니다. 오히려 근본적인 질문들과 다투는 사고들이 생겨서는 안 되는 곳에서 생기고 있으며, 그에 따라 형이상학이 무엇인지에 대한 우리의 감각이 만들어진다―대체되고 다원화된다―는 것입니다.

카스트루 왜 아메리카 원주민이나 멜라네시아인 혹은 당신이 『식인의 형이상학』옮긴이 서문에서 언급했던 뉴에이지 철학자 제인 로버츠(Jane Roberts)와 같은 사람들이 형이상학적 사변에 관여하고 있다고 말하는 걸까요? 우주론이 있다거나 문화에 속해있다고 말하지 않고요. 단 하나의 단순한 이유 때문입니다. 우주론은 사고가 분류화, 질서화, 조직화의 문제라는 관념과 지나치리만치 밀접하게 연관된 단어입니다. 그리고 문화라는 단어는 이데올로기, 상징주의, 환상, 비진실(nontruth) 등의 표상 관념과 명백히 연관되어 있습니다. 그래서 나는 우리 사회에서 학계에 종사하지 않는 사람들을 포함한 우리가 연구하는 사람들에게 형이상학적 주체, 곧 사고하는 자의 지위를 되돌려줄 정도로 충분히 무거운 단어가 필요했습니다. 내가 형이상학이라는 단어를 사용하기 시작했을 때, 그것은 단순히 『야생의 사고 *La pensée sauvage*』—야성 속의 사고(thought in the wild) 혹은 ("야성적 정신분석"이라는 표현에서처럼) 야성인 사고(thought that *is* wild)라는 영어로 ['savage mind'가 아닌] 'wild thought'로 번역되어야 하는—가 우주의 분류화에 관한 것이 아님을 뜻했습니다. 『야생의 사고』는 우주에 대해 사고하는 것이며, 이 사고는 분류화의 문제를 훨씬 넘어섭니다. 전체적인 요점은 인류학의 초점을 분류화에서 사변으로 전환하자는 것입니다. 인류학이 형이상학을 연구한다면, 그때 인류학은 형이상학을 실행하는 것입니다. 여기서 민족형이상학(ethnometaphysics)으로서의 인류학은 그 자체로 형이상학의 한 형식입니다. 만약 인류학이 다른 민족집단들의 경제생활을 연구한다면 그것은 경제학의 한 분야가 될 것입니다. […] 그래서

보시다시피 이 모든 것에는 그렇게까지 거창한 것이
없답니다!

스카피시 조금은 항변하는 듯합니다(웃음). 이 모든 것들이
얼마나 거창하게 들리는지 당신은 아니까요.

카스트루 다시 말하지만 이 용어들에 대한 너무나 많은 미국
지식인들의 거부 반응을 고려하면, 아무래도 우리는
이 용어에 힘을 뺄 필요가 있습니다. 형이상학
연구는 실제로 인류학이 행하는 일종의 지적
작업을 정치화하는 하나의 방법입니다. 전미 인류학
협회(American Anthropological Association)의
최근 학술대회에서 열린 한 토론회에는 그럴만한
이유에서 "존재론적 전회의 정치학"이라는 이름이
붙었습니다. 이런 부류의 인류학이 정치적인
것은 인류학자들이 하는 작업을 우리가 연구하는
사람들이 하는 일과 같은 성질의 일로 규정한다는
데에 있습니다. 우리나 여타 분야의 학자들은 그것에
관해 개념, 이론, 근본적인 문제, 기본원리 등을
가지고 있는 반면, 우리가 연구하는 사람들은 그것을
가지고 있지 않은 게 아니라는 겁니다. 서양에서
철학과 그보다 앞선 신화 기반의 문화 사이에
천재지변과 같은 인식론적 균열이 일어났다는
관념―내 생각에 이런 철학의 이미지는 말 그대로
정치적 쿠데타를 표상하는데―은 폴리스 곧 국가와

함께 균열이 생겼다는 의미에서 그러합니다. 나는 이 관념을 아주 오랫동안 문제시해왔는데, 이 관념은 마르셀 데티엔(Marcel Detienne)이 이야기한 것과 같이 예언자, 시인, 왕 들 같은 "진리의 주인들"이 존재했던 구체제와 달리 그리스 도시국가에서는 평등한 자들 사이에 민주적 논쟁이 벌어졌다는―물론 노예는 빼고!―시나리오에 너무 깊이 의존합니다.* 아리스토텔레스는 주인의 철학을 썼지만, 인류학은 노예들 즉 대체로 그리스 세계 바깥에서 포로로 잡혀 온 "바르바로이(barbaroi)"라고 불린 야만인들을 흥미로워합니다. 그리고 이 사람들은 그리스에 이것저것을 다 가지고 들여와서 종국에는 니체가 극찬한 그리스 사상의 모든 면을 일굽니다. 디오니소스는 어쨌거나 트라키아인이거나 프리기아인이었습니다. 그는 그리스 바깥에서 왔습니다. 인류학은 민주적 의회의 현장에서 제외된 이들로부터 정치철학과 형이상학적 사상을 배우고자 합니다.

스카피시 형이상학에 대한 당신의 설명은 자기모순은 아니라 할지라도, 상당히 역설적입니다!

---

* Detienne, Marcel. 1967. *Les Maîtres de vérité dans la grèce archaïque*. Paris: Librairie François Maspero.

카스트루 내가 『식인의 형이상학』이라는 책을 쓰긴 했죠(웃음).

스카피시 저 제목이 무엇 하나 분명히 말해주는 것은 없다고 가정하고 그것을 한번 자세히 분석해봅시다. 제목을 보면 거의 레비스트로스나 여러 아메리카 원주민 부족들만큼 이 책에 영향을 준 질 들뢰즈가 한 이런 말이 떠오릅니다. "나는 형이상학이나 철학의 죽음 너머로 가는 것에 대해 걱정해본 적이 없다." 들뢰즈는 이렇게 말하면서 자신과 그의 세대에 속한 다른 사람들을 대조했는데, 그들은 날 것 그대로의 철학을 할 때, 특히 비판 철학 이전의 형이상학적 사상사들과 문제들의 방식으로 철학을 할 때 따분함과 죄책감을 느끼는 사람들이었습니다.

카스트루 좋습니다. 훌륭한 지적입니다. 제가 아직 언급하지 않은 한 가지는 존재론과 형이상학이라는 말이 철학에서 재등장한 시점이 인류학에서 그것들을 사용하기 시작한 바로 그때이거나 거의 직전이라는 것입니다. 1960년대 후반과 1970년대 몇몇 분야에서 고전적인 존재론의 문제에 대한 칸트적 '해법'을 불만족스러워하는 느낌이 점차 강해졌습니다. '후기구조주의'는 어느 정도 '후기-칸트주의(post-Kantianism)'를 의미했는데, 왜냐하면 구조주의는 적어도 레비스트로스의 판본에서는 문화적 선험이라는 관념과 인간 범주를 비교 연구하는 뒤르켐주의적 과제 속에서 극도로 칸트적이었기 때문입니다. 앞서 언급했듯이, 나의 케임브리지 강의는 인류학에서 나타나는 이러한 칸트적 편향에 항의하면서 마무리되었고, 또 다른 분야의 사람들이 이내 '상관주의(correlationism)'라는 이름으로 칸트적 우주론을 비판하리라고는 전혀 생각지 못했습니다. 그 당시 퀑탱 메이야수(Quentin Meillassoux)는 우리가 실재에 어떻게 가닿는가를 그럴듯하게 설명하려는 후기 칸트 철학의 실패에 관해 썼습니다.* 칸트적 패러다임에 대한 불만은 말하자면 젊은 철학자 세대와 나를 중간 어디쯤에서 만나게 해준 공통의 기반이었습니다.

스카피시 실제로 『식인의 형이상학』이라는 제목은 참된 철학사상의 구성적이고 실증적이고 체계적인 성격을 특징짓기 위해 형이상학이라는 용어를 탈환한 일군의 젊은 프랑스 철학자들과 당신을 연결합니다. 이 그룹에는 다른 누구보다도 메이야수가 있습니다.

카스트루 책의 제목을 『식인의 형이상학』이라고 한 것은 내 뜻만은 아니었습니다. 그 책은 프랑스대학 출판부 시리즈로 출간되었는데, 이 시리즈에 메이야수뿐만 아니라 파트리스 마니글리에(Patrice Maniglier),

---

* 『유한성 이후』, 정지은 옮김, 도서출판b, 2010 참조.

엘리아 듀링(Elie During), 다비드 라부탱(David Raboutin)이 편집자로 참여했습니다. 이 시리즈는 '형이상학들(MétaphysiqueS)'이라고 해서 제목 끝의 s를 대문자 S로 고쳐 썼습니다. 그러니까 일군의 철학자들로서는—이건 복수군요!(웃음)—형이상학을 복수로 표현하기가 쉽지 않다는 겁니다. 왜냐하면, 철학자에게 형이상학은 단 하나의 형이상학을 의미하기 때문입니다. 그렇지만 저 'S'는 이 특정 집단의 철학자들이 표준을 벗어난, 비서구의 형이상학에 관심이 있다는 사실을 강조합니다. 그들은 근대 서구 전통 내부의 비판 철학 속에서 칸트의 대안을 흥미로워할 뿐만 아니라 전통 밖에 있는 외부자들의 형이상학에도 관심을 둡니다. 내 말은 그들이 비판 철학 이전의 존재론적 사변 전통—라이프니츠, 스피노자, 중세 철학 등등—의 자리를 되찾는 데에만 급급하지 않다는 겁니다. 사실상 메이야수의 책은 어느 정도는 중세의 존재론 논쟁을 뒤집어 말할 뿐 그대로 반복하고 있습니다. [그 책에서] 우연성의 필연성이란 미래의 어느 순간에 신이 나타날 가능성을 증명하는 방식으로서 호출됩니다. (만일 그가 그 자신의 불가해한 방식으로 이미 나타난 것이 아니라면 말입니다.) 이러한 고전적인 질문들을 따져 묻고 덤벼보겠다는 생각과 의지는 형이상학이라는 단어가 부활한 이유 중 일부였습니다. 이 젊은 철학자들이 가장 먼저 결심한 것은 형이상학이 철학에서 적절하고 적법한 연구 분야로서 제자리를 찾도록 하고 언어의 형이상학이나 심리철학으로 환원되지 않도록 하는 것이었습니다. 형이상학은 전반에 있는 무엇을 우리가 어떻게 파악하는지에 대한 탐구에 머물지 않고, 무엇이 전반에 있는지 또한 탐구해야 했습니다. 여서는 안 됩니다. 질문은 이제 "물리학이 어떻게 가능한가, 도대체 지식이 어떻게 가능한가?"가 아니라 도리어 "정신 바깥에 무엇이 있는가?"가 되어야 했습니다.

스카피시 당신은 매우 비범한 논점을 제기하고 있습니다. 당신에게서 사상(事象) 그 자체 그리고 전반적인 사상에 대한 형이상학적 관심사는 다른 전통들에도 '형이상학'이 있다는 관념과 본질적이고도 즉각적으로 연결된다는 것입니다.

카스트루 서구 철학자들이 인지하지 못한 한 가지가 있다면, 그것은 다양한 지적 전통을 가지고 있는 다른 민족집단들의 존재입니다. 물론 쇼펜하우어가 인도 사상을 논했고, 라이프니츠는 중국 문헌과 『역경易経』에 관심을 가졌지만 [...] 글쎄요, 알다시피 철학자들은 사고 실험의 한 부분으로서 상상 속의 야만인을 즐겨 불러들이지만, 비철학적 의미의 인류학에 대해서는 아는 바가 없습니다. 그들은 다른 민족집단들이 우리 자신과는 전혀 다른

사상(思想)을 지금껏 어떻게 가져왔으며 앞으로도
어떻게 가질 것인지, 또 이러한 사상들이 어떻게
해서 우리 사상의 원리로 환원되지 않는지를
자각하고 있는 사회인류학과 문화인류학에 대해
아무것도 모릅니다. 철학자들이 '(주어의) 우리',
'(목적어의) 우리', '인간', '인간성'을 얘기할
때, 그들은 자신에 대해 말하고 있는 겁니다.
그러니까 그들은 거울을 바라보고 있습니다.
시리즈 제목인 '형이상학들(MétaphysiqueS)'은
비서구의 민족집단들을 마침내 '생각하는 인간종'의
구성원으로서 인정해주기 위함이었습니다. 파트리스
마니글리에의 작업이 이와 거의 같다고 봅니다.

인류학적 비교와 아마존의 형이상학

스카피시 우리가 언급하고 넘어가야 할 이름이 있습니다.
마니글리에가 좋든 싫든 이 주제와 관련해서는
파리의 누구나가 직간접적으로 그를 아는 것 같고,
마니글리에는 당신의 작업 속에서 중요한 중재
역할을 합니다. 당신은 그와 어떻게 연결되나요?

카스트루 내가 앞서 언급한 4인의 시리즈 편집자 중에서
마니글리에는 레비스트로스, 인류학, 언어학,
소쉬르에 관해 수많은 작업을 수행한 유일한

사람입니다. 그리고 우리가 자연철학자와는 반대로 문화철학자라고 부를 수 있는 유일한 사람이기도 하죠. 어떤 의미에서 그의 관심은 실재성의 인간적인 차원—아니 차원들이라고 해야 할까요?—에 있습니다. 그에 반해 메이야수와 그의 동료는 본질적으로 비인간적인 테마를 이야기합니다. 메이야수는 인간 사고와의 그 어떤 상관관계로부터 완전히 독립적인 세계를 만들어내고 싶어 합니다. 마니글리에는 완전히 참신한 방식으로 형이상학을 재구축함으로써 또 다른 궤도를 좇고 있습니다. 그것은 형이상학을 비교 탐구로 규정하는 것입니다. 그로서는, 비교가 아닌 형이상학은 없어야 합니다. 그리고 그에게 비교는 인류학적 비교를 뜻합니다. 그는 말뜻의 근본 그대로 레비스트로스의 적자, 즉 견고한 인류학적 지식을 갖춘 철학자입니다. 내 생각에 마니글리에는 이 이야기의 핵심 인물입니다. 그는 그저 단 하나의 존재론적 관심사—"기호의 존재론은 무엇인가?"—를 좇습니다. 그도 그럴 것이 마니글리에는 소쉬르가 기호를 발견했을 당시 기호가 완전히 새로운 '생전 처음 보는' 존재론적 대상이었다는 논지를 세웁니다. 이 주장은 주목하지 않을 수 없습니다. 존재론적 전회가 언어적 전회의 구조주의적 판본 속에서 이미 은밀히 작동하고 있었다는 것을 보여주고자 한 마니글리에의 단서와 함께 존재론적 전회와 언어적 전회를 봉합하는 것까지 포함한다는 점에서 말입니다. 그는 오늘날 유행하는 다양한 형식들보다 구조주의 인류학 속에서 존재론이 그 자체로 드러나는 방식을 통해 존재론을 실행하고자 합니다. 이는 매우 중요한데, 왜냐하면 이 방식은 우리가 인간의 상징적 상상력의 과학으로서 인류학의 전통에 올라타면서도 그와 동시에 존재론적 질문들에 주의를 기울이도록 만들어주기 때문입니다.

스카피시 당신이 그 책에 적절한 제목을 다는 데에 마니글리에도 도움을 주었다고 이해해도 좋을까요?

카스트루 네, 다시 말하겠습니다. 내 책 제목은 식인의 형이상학(Métaphysiques cannibales)이지 식인의 존재론(Ontologiques cannibales)이 아닙니다. 이 책이 사고, 곧 사변을 다룬다는 단순한 이유에서입니다. 책은 이 사람들, 특히 아메리카 원주민들이 어떻게 상상하는지를 다룹니다. […] 뭐라 말해야 할까요?

스카피시 [이렇게 말할 수 있지 않을까요?] 그들은 사고를 어떻게 생각하는가? 달리 말하면, 그들은 인간과학이 발견할 수 있는 암묵적인 존재론(implicit ontology)을 가진다기보다 스스로 그러한 형이상학적 사안에 대해 생각한다는 것이지요. 이는 당신에게 매우 중대한 지점임에도 많은 오해를 불러일으키는 결과로 이어졌습니다.

카스트루 나는 「크리스탈 숲 The Crystal Forest」*이라는
제목의 논문에서 내 관심이 발광성(luminosity),
반사적 힘, 미세한 크기와 같은 아마존 정령의
특질에 있음을 밝힌 바 있습니다. 그때 내 의도는
단지 그와 관련된 존재론을 기술하는 것이 아니라
그것[존재론]이 이를테면 설명의 한 체계로서
야노마미 족의 형이상학의 한 부분을 이룬다는
것을 보여주는 것이었습니다. 예를 들어, 정령의
현존은 왜 숲이 숲다운지를 설명해줍니다. 백인들은
숲에서 무엇을 하고 있는가? 정령들은 모든 것의
뒤에 존재하고 백인들은 숲의 정령을 공격하고 있다.
정령들은 백인에게 복수하고 싶어 하고, 세상은 곧
끝날 것이다. 그것은 그저 묵시록적 예언이 아닌
종말론적인 주장인데, 정령이 자연 세계의 생동하는
겉모습이라는 형이상학적 관념이 그 기저에
깔려있습니다.

스카피시 그래서 들뢰즈와 브뤼노 라투르가 실재와 그
개체들을 가르고 배열하는 독특한 방식을 나타내는
용어로 사용한 그 뜻 그대로, 우리에게는 매우 다른

---

* Viveiros de Castro, Eduardo. 2007. "The crystal forest: Notes on the ontology of Amazonian spirits." *Inner Asia* 9(2): 153-172.

존재론적 분배(ontological distribution)가 있습니다. 그런데도 이 존재론은 우리 자신의 투사이며 원주민 누구도 이를 개념적인 용어로 풀어내지 않는다고 말하는 인류학자들이 너무 많습니다.

카스트루   명백히 그렇지 않은 사례를 언급함으로써 응답해야겠군요. 다비 코페나와(Davi Kopenawa)라는 이름의 어느 야노마미 족 샤먼과 프랑스 인류학자 브루스 알베르가 공동 집필한 『무너지는 하늘 The Falling Sky』*이라는 책이 있습니다. 이 책은 다비 코페나와가 어떻게 샤먼이 되었으며 또 땅을 지키기 위해 죽음을 무릅쓰고 정치 활동에 나서게 되었는지를 꼼꼼히 기술한 일종의 자서전입니다. 이 과정에서 그는 우리의 언어―그가 포르투갈의 생태학적 담론에 꽤 정통하기 때문입니다―로 그의 정치적 집념이기도 한 형이상학적 집념을 우리에게 설명하려고 노력합니다. 그는 자신의 세계가 파괴되고 있음을 우려하면서, 그의 생각에 대해 우리가 무엇을 알아야 한다고 생각하는지를 우리의 말로 설명합니다. 어떤 점에서 그가 하는 일은 인류학자들이 하는 일을 뒤집은 겁니다. 그는

---

*   Kopenawa, Davi and Bruce Albert. 2013. *The Falling Sky: words of a Yanomami shaman*. Nicholas, Elliott and Alison Dundy (trans.), The Belknap Press of Harvard University Press.

또한 야노마미 족이 우리를 어떻게 생각하는지에 대해 우리가 알아야 할 것을 우리에게 설명합니다. 그는 백인이 누구이고 왜 왔으며 지금 하는 일을 왜 하고 있는지에 대한 이론을 가지고 있습니다. 야노마미 족은 지구에 백인이 존재하는 이유와 백인의 기원과 운명의 근거를 중심으로 만들어진 완전한 형이상학을 가지고 있습니다. 그는 또한 이렇게 설명하면서 약간의 비교 형이상학을 실행합니다. "당신들은 '자연'이라고 말하고, 우리는 숲을 뜻하는 '우리히(urihi)'라는 말을 쓴다. 왜 당신들은 숲을 자연이라고 부르는가? 왜 우리가 숲이라고 부르는 것을 자연이라고 부르는가?" 그가 하는 일을 반(反)인류학(counteranthropology)이라고 칭할 수도 있습니다. 그가 보여준 것은 내가 아마존 사상에 되돌려준 일종의 인류학적 반환과 완벽하게 일치합니다. 물론 나는 훨씬 더 추상적이고 지적으로 정제된 언어로 그 일을 해왔고, 다비 코페나와는 애석하게도 향후 오랫동안 그저 민족지적 자기 기술의 당사자로만 이해될 것입니다. 정당한 자기 권리를 가진 인류학자라기보다 자신의 '세계관'을 보여준 어느 원주민으로 말입니다. 하지만 현세기 아마존에 관한 최고의 인류학 저서는 단연코 『무너지는 하늘』입니다. 이것은 브루스 알베르가 쓴 아마존 원주민에 관한 인류학 서적이 아닙니다. 한 원주민이 브루스 알베르와 그 외 백인들에 관해 쓴

책입니다.

식인주의와 타자의 형이상학: 퍼스펙티브주의

스카피시 그렇지만 원주민들이 당신이 말하는 형이상학을 가지는지의 문제는 여전히 더욱 복잡합니다. 당신은 아마존 북동부 지역에 사는 아라웨테라고 불리는 작고 가난한 부족 집단에서 현지 조사를 하면서 이 문제에 직면했고, 그렇게 해서 이 문제를 풀어보기로 처음 마음먹은 것이지요. 이에 대해 조금 더 말해줄 수 있는지요? 또 여전히 충격적인 단어인 식인주의(cannibalism)가 그와 어떤 관련이 있는지도 듣고 싶습니다.

카스트루 나는 동부 아마존에서 투피어를 사용하는 사람들 사이에서 현지 조사를 했습니다. 투피 족은 15세기 포르투갈인과 프랑스인이 도착했을 때와 16세기에 브라질 해안을 차지해서 살던 이들로 잘 알려져 있습니다. 그래서 아라웨테 족은 수 세기 동안 브라질의 공통어로서 브라질 해안 전역에서 사용된 전형적인 투피남바어와 매우 밀접히 관련된 언어를 사용합니다. 투피남바 족, 즉 브라질 해안의 투피어를 쓰는 사람들은 바로 유명해졌습니다. 왜냐하면, 아주 이른 16세기부터 프랑스와 포르투갈에서 그들에 관한 소식을 담은 책자가 발행되었고, 또 그들이 포르투갈의 브라질 '발견' 후 80년이 지난 1580년에 출간된 몽테뉴의 수필 「식인종에 대하여」의 당사자였기 때문입니다. 노르망디에서는 젊은이들이 통역사가 되어 프랑스인들과 원주민들 사이의 교역을 돕도록 수년간 원주민들과 함께 지내며 언어를 배우게 하는 관행이 있었습니다. 몽테뉴는 한때 통역사였던 노르망디인 하인을 데리고 있었는데, 그로부터 매우 정교한 형태의 식인의례를 포함한 투피남바 족의 관습을 전해 들었다고 합니다. 투피남바 족은 매우 호전적이었지만 전쟁 유형은 영토 전쟁이 아니었습니다. 정복 전쟁이 아니었다는 것이지요. 전쟁의 목적은 적을 생포하고—적은 수를 잡아들였고, 많이는 필요하지 않았습니다—그다음에 적을 부족의 일원으로 받아들인 뒤, 얼마간의 정해진 몇 개월 혹은 몇 년 후에 공개된 장소에서 의례적으로 죽이는 것이었습니다. 동기는 다른 부족 측의 유사한 행동—생포하기, 죽이기, 적을 먹기—에 대한 복수였습니다. 이 끝없이 계속되는 복수의 순환은 포로와 지정된 살인자 간의 의례적 대화에서 결정적인 순간을 맞이합니다. 실제로 그들은 엄청나게 복잡한 방식으로 서로의 역할을 바꾸고 그래서 누가 누구인지, 살인자가 희생자인지 희생자가 살인자인지 알 수 없게

되어버립니다. "넌 나의 친척을 죽였고 이제 내가
너를 죽일 것이다." 살인자가 포로에게 말하면
포로는 말합니다. "그래, 넌 나를 죽일 수 있다.
왜냐하면 나의 친척이 너를 죽일 것이기 때문이다.
그러므로 내일 너는 내 마을에서 나와 같은 처지에
놓일 것이다." 과거, 현재, 미래가 이 대화 안에서
생성되었고 그 후 남성이든 여성이든 적은 그를
포획한 마을 사람들에게 죽임을 당하고 먹힙니다.

스카피시 그러니까 1980년대로 빠르게 되감아보자면….

카스트루 내 요점은, 브라질 정부의 완벽한 통제하에 놓인
135명의 보잘것없는 부족 집단인 아라웨테 족
앞에 당도했을 때, 나는 그들이 식인종 혹은
그런 부류일 것이라고 전혀 예상하지 못했다는
겁니다. 하지만 그들은 죽은 자가 천국에 도달하면
신성한 정령들에게 그 혼이 먹힌다는 종말론을
가지고 있었습니다. 식인을 자행한 원주민들
대신 이제 그들의 신, 곧 죽은 자를 받아들여서
그들 자신과 같은 족속으로 변환시키는 하늘의
정령이 식인을 자행합니다. 식인주의는 사회학적
사안으로부터 하나의 종말론과 우주론의 사안으로
옮겨갔습니다. 그러나 원리는 남아있었고, 그것을
간단히 말하자면 식인주의는 타자가 되는 한
가지 방식이라는 것입니다. 즉 이 형이상학적

조작에서 자기(self)는 변별적 의미의 타자—"나는 너가 아닌 무엇이다."—에 의해서 규정될 뿐 아니라 타자의 한 형식(form)으로서 정의됩니다. 이것은 적을 죽인 살인자가 은둔 의례에 들어가기 직전 불렀던, 아라웨테 족이 "전쟁 노래" 혹은 "살인자의 노래"라고 이름 붙인 것을 분석하면서 훨씬 더 명료해졌습니다. 살인자는 살해된 적의 정령이 그에게 가르쳐준 노래를 불러야만 합니다. 노래를 부르는 사람은 살인자이지만 목소리, 곧 '말의 주인'이자 문법적 주체는 죽은 희생자의 정령인 적입니다. 나는 이 노래들에 깊은 인상을 받았습니다. 왜냐하면, 노래들은 매우 기묘한 대명사적 또는 화용론적 구성을 이루는데, 그에 따라 노래하는 자이자 살인자가 "나"라고 말할 때마다 그[화자]는 살해당한 적을 의미하기 때문입니다. 그가 "나의 적이 나를 죽일 것이다", "나의 적이 나를 화살로 쏴서 맞췄다", "나의 적이 나의 살을 가르고 있다"와 같은 말을 할 때마다, "나의 적"은 노래하는 자신이었습니다. 인류학에서 사용되는 퍼스펙티브주의 개념은 여기서 시작되었습니다. 노래의 "나"는 타자이고, 타자는 나 곧 노래하는 몸이다.

스카피시   독자들은 당신의 이 이야기를 한번은 들어봤다고 생각하기 쉬울 것 같습니다. 퍼스펙티브의 변환은 아르튀르 랭보(Arthur Rimbaud)가 말한 "나는 타자다" 혹은 들뢰즈와 가타리의 "되기(becoming)"에서 의미한 것과 전혀 다르지 않다고요. 그러나 당신은 모든 민족집단에서의 주체성의 구조에 대해서, 그에 따라 더 근본적인 무언가에 대해서 분명히 말하고 있습니다.

카스트루   네, 들뢰즈와 그 외 많은 철학자와 시인이 공명하는 부분이 분명히 존재하고, 이 공명은 매우 중요합니다. 그러나 투피 족은 그것을 명확히 밝히고 훨씬 더 멀리 나아갑니다. 16세기 투피남바 사회에서는 적을 죽인 자만이 결혼하고 자녀를 가질 수 있었습니다. 그러므로 타 부족의 사람들을 죽여야만 자신의 부족에서 다른 사람들을 스스로 만들어낼 수 있었습니다. 즉 그리스식으로 말하자면 적을 죽이고 그를 먹어야만 시민이 될 수 있었던 것입니다. 그런 일을 행하는 것은 당연히 정치적 행동이었고 그와 동시에 형이상학적 행동이었습니다. 왜냐하면, 당신이 적을 죽였을 때, 여하간 당신은 당신의 적이 되었기 때문입니다. 당신이 확실하게 단 하나의 "나"가 되었던 유일한 때는 적이 당신의 입을 통해 "나"를 말했을 때입니다.

스카피시   당신의 용어 사용에서 퍼스펙티브주의는 일차적

참조점이 자기가 아닌 타인에 있는 사고방식의
하나이군요. 모든 사상, 주체 혹은 집합체는 타자에
의존하고 타자로부터 나온다는 것이고요. 당신의
퍼스펙티브주의 개념의 이러한 측면을 사람들이
제대로 이해하고 있을까요?

카스트루 타자성(alterity)을 통해 우선은 퍼스펙티브주의를
탐구하게 되었고, 이 사람들이 지극히 지적으로
세련된 형이상학적 사변에 관여하고 있음을
알았습니다. 그리고서 내 학생들과 함께, 자기와
타자 사이에서 이뤄지는 퍼스펙티브의 연행이
인간관계뿐만 아니라 동물, 식물, 죽은 사람들
등등에 적용된다는 것을 깨달았습니다. 말하자면
우주의 모든 요소가 잠재적 초점, 곧 잠재적
관점―퍼스펙티브―이라는 것을 알았습니다.
더 깊이 파고들 수 있는 근거를 얻게 되자 나는
아마존의 원주민들, 실은 아메리카 전역의
원주민들이 가진 관념―그저 재밌는 민속자료로
취급되던 것―을 기억해냈습니다. 동물들은
실제로 사람들이지만 우리를 사람으로 보지
않는다. 동물들은 우리를 동물처럼 보고 심지어
먹잇감으로 본다. 이 관념은 살인자와 포로가
상호교체 가능하다고 보는 투피남바 족의 관념과
다르지 않다는 생각이 떠올랐습니다. 두 경우
모두에서 누가 어떤 상황에서 누구를 무엇으로

보는지가 중요합니다. 여기 누가 인간인가? 지금 누가 인간인가? 문헌을 좀 더 파헤치자 우리는 아마존 사람들이 인간성을 우주의 근본적이고 기본적인 존재론적 상태로서 인지하고 이해한다는 것을 발견했습니다!

**인간 너머의 형이상학
: 토테미즘, 애니미즘, 그리고 퍼스펙티브주의**

스카피시 당신의 '퍼스펙티브주의' 개념과 필리프 데스콜라(Philippe Descola)의 '애니미즘' 사이의 관계를 어떻게 특징지을 수 있습니까? 데스콜라의 『자연과 문화를 넘어서 *Beyond Nature and Culture*』*는 최근에야 영어로 번역 출간되었기에 점차 궁금증이 더해가고 있습니다.

카스트루 자, 필리프와 나는 같은 문제에서 출발했습니다. 그것은 레비스트로스가 『야생의 사고』에서 '공희(供犧, sacrifice)'와 토테미즘(totemism)을 대비한 방식에 대한 깊은 불만입니다. 『야생의 사고』에 유명한 구절이 나오는데—실은 『오늘날의

---

* Descola, Philippe. 2013. *Beyond Nature and Culture*. Lloyd, Janet (trans.) Chicago: University of Chicago Press.

토테미즘』에도 나옵니다— 레비스트로스는
이 책에서 "원주민의 문화 계열(native cultural
series)" 속의 기표와 기의 간의 관계를 인지하는
두 가지 방식을 대조합니다. 차이가 차이로
연결되는 토템적 방식이 있고, 그가 "공희적
방식"이라고 부른 방식이 있습니다. 공희적 방식은
은유적이거나 계열집합적이지 않고 환유적이고
통합연쇄적입니다(not metaphorical or paradigmatic
but metonymical and syntagmatic).* 그것의 목표는
한 계열의 요소들을 다른 계열의 요소들과 합치는
것입니다. 누군가는 공희로서 죽임을 당하고,
희생자는 인간세계에서 신의 세계로 옮겨집니다.
당연하게도 이 과정은 단순한 분류체계의 작동과는
다릅니다. 그리고 레비스트로스는 공희적 방식에
동조하지 않았다고 말할 수 있습니다. 그도 그럴

---

* 레비스트로스에게 인간의 사고는 자연의 부호화에서 비롯한다. 즉 '야생의 사고'는 자연물을 부호화하여 세계 혹은 우주를 사고하는 것이다. 그 속에서 레비스트로스는 두 가지의 사고방식을 대비하는데, 그 하나가 자연종 간의 차이를 분류하고 계열화하여 인간집단 간의 차이를 사고하는 토템적 방식이고 다른 하나는 자연종이 인간과 신 등과 같이 인접하지 않은 두 극항을 이어주는 공희적 방식이다. 전자가 차이의 상동성에 기반한다면 후자는 사상(事象)의 인접성에 기반한다. 또 전자가 은유에 의해 자연종을 계열화하고 그 수평적 차이에서 의미화의 집합을 만들어내는 반면, 후자는 환유에 의해 자연종을 매개로 인간과 신과 같은 두 항을 수직적 계열로 통합해서 그 안에서 의미화의 연쇄를 만들어낸다. 『야생의 사고』, 안정남 옮김, 한길사, 1999, 321~328쪽 참조.

것이, 실상 어떤 것도 지구에서 천상으로 옮길 수
없는 반면―천국은 존재하지 않지요― 두 가지
동물과 서로 다른 두 인간종족은 비교할 수 있습니다.
종족과 동물은 실제로 존재하니까요. 그래서
레비스트로스에게 토테미즘은 합리적인 일종의 원시
과학입니다. 그것은 사물[자연물]을 구분하고 종으로
분류하기 때문입니다. 반면 공희는 비합리적이고
이데올로기적이며 기본적으로 종교적입니다.
필리프와 나는 각기 다른 이유에서 공희적 작동의
한 종류로서 식인주의에 흥미를 느꼈습니다. 하지만
당시 구조주의의 개념적 장치는 우리가 식인주의를
저 방식으로 생각할 수 있게 도와주지 못했습니다.

스카피시 비인간에 대한 애니미즘적 관계 그리고
레비스트로스에 대한 당신들의 합평, 이 사이의
연관성은 아마도 당신의 저술을 주의 깊게 읽은
사람들에게도 모호하게 느껴질 겁니다.

카스트루 그때 당시 필리프는 아추아르(Achuar) 족과 함께
연구를 수행하고 있었는데, 그들은 자신들이
동물들과 사회적 관계를 맺는다고 했다고 합니다.
동물들과 함께 말입니다. 이는 토테미즘에서 '종족
A의 종족 B에 대한 관계는 종 A의 종 B에 대한
관계와 같다'라고 하는 것처럼 동물에 의해 맺는
사회적 관계가 아님을 뜻합니다. 필리프가 함께

연구를 수행한 사람들—사실 아마존의 누구나—은 다음과 같은 질문을 훨씬 더 흥미로워했습니다. "나는 종 A와 어떤 관계를 맺고 있는가? 그것은 나의 처남인가, 형제인가?" 그러므로 자연과 문화는 사회적 관계로 연결되었던 것이지, 레비스트로스의 우주론에서처럼 단순히 논리적 관계로 연결되지 않았습니다. 자연이 이미 사회적이라는 관념, 동물과 식물이 인간 존재의 사회적 파트너라는 관념을 필리프는 '애니미즘'이라고 불렀습니다.

스카피시 당신은요?

카스트루 이 관념은 내게도 흥미롭습니다. 그러나 나의 정식화(formulation)는 그와 다릅니다. 우리는 인간성을 동물성의 특별한 경우로서, 우리 자신을 무언가—이성이나 혼 등과 같은 것—가 더해진 동물로서 생각하는 경향이 있습니다. 하지만 아마존에서는⋯. 글쎄요. 서부 아마존의 창조신화를 인용해보겠습니다. "태초에 무(無), 순수한 공허가 있었다. 그 무엇도 없었다. 시간의 시작에는 아무것도 없었지만, 이미 사람들이 있었다." 그리고 전체 신화의 주기는 이미 있던 이 사람들로부터 어떻게 해서 다른 모든 자연적 종들, 현상, 행성들과 그 외의 것들이 생겨났는지를 보여줍니다. 모든 것은 인간이지만 변형됩니다. 인간은 일종의 제1질료(materia prima)입니다. 이러한 개념화는 근대 서구의 어떤 유형과도 상당히 다른 인류학을 산출합니다.

스카피시 좀 더 분명하게 말씀해주시겠어요?

카스트루 근대인들에게 인간성은 뒤늦게 오는 것이자 가장 귀중한 부분입니다. 그러나 인간성이 존재의 기본 상태라는 전제에서 시작한다면, 자연과 문화, 인간과 동물의 위치가 뒤바뀐 인류학에 다다르게 됩니다. 저 아메리카 원주민의 인류학은 근대 서구의 인류학자들이 추정하는 것과 정반대되는 신체와 혼 사이의 존재론적 노동 분담에 입각해 있습니다. 신체 곧 우리의 물질적 차원은 우리(근대 인간들)와 우주의 나머지를 연결하는 무엇입니다. [근대 서구에서] 우리의 신체는 별, 식물, 돌과 똑같은 원료로 만들어진 반면에 우리의 혼―정신, 영, 문화, 언어, 법, 무의식, 현존재(Dasein) 등등―은 우리와 비인간들을 구별하게 만듭니다. 혼을 구성하는 이 요소들은 민족 A와 민족 B를 구별하게 만드는 것이기도 하고요. 인간들은 모두 기본적으로 육체적 수준에서는 똑같습니다. 그들을 다르게 만드는 것은 그들의 문화나 그들의 영―정신(Geist)의 의미로 영―입니다. 혼은 또한 한 개인을 다른 개인과 구별하게 만듭니다. 교체할 수 없는 일인칭 시점이 있습니다. 나는 당신과 신체를 바꿀 수 있을는지 모릅니다. 그러나 당신과 정신을 바꿀 수는 없습니다. 그렇다면 나는 더 이상 내가 아니라 당신일 것입니다. 하지만 나는 당신의 신체를 가진 나 자신을 완벽하게 상상할 수 있고, 그 반대도 마찬가지이지요. 영은 사람에게 정체성을 부여하지만, 신체는 그자에게 유사성을 부여합니다. 그런데 아메리카 원주민의 형이상학에서 사상(事象)은 거꾸로 돌아갑니다. 혼은 언제 어디서나 똑같습니다. 모든 동물, 식물, 개체는 최소한 잠재적으로 인간유사형(humanoid) 혼과 똑같은 유형의 혼을 지니고 있습니다. 기본적으로 같은 속성, 같은 기질, 같은 역량을 지니고 있지요. 그들을 다르게 만드는 것은 그들의 물질적 장치로 구현된 다양한 역량과 능력입니다.

스카피시 나는 이러한 통찰력 혹은 정식화—차이를 만드는 것은 신체다—가 초기에 당신의 작업을 데스콜라의 작업에서 분리해내었다고 생각합니다.

카스트루 필리프는 원주민들이 삼라만상에 혼이 있다—이것이 애니미즘이지요—고 생각한다는 깨달음에서 멈췄습니다. 하지만 사물과 혼의 차이가 어디에서 오는지에 대한 물음에 그는 대답할 수 없었습니다. 내 대답은 차이가 신체로부터 왔다는 것이며, 나는 아마존의 민족지에서 수많은 퍼즐을

풀 수 있었습니다. 예를 들어 원주민들이 근대화될 때, 그들은 그들의 문화를 잃어버린다고 말하지 않습니다. 그들은 "백인 음식을 먹고, 백인들과 성교하고, 백인들처럼 입는다면, 백인 사람이 된다."고 말합니다. 원주민들이 백인이 되고 근대인이 되는 방법에 대한 우리의 관념은 개종의 수사로 표현됩니다. 왜냐하면, 우리는 문화를 종교의 일종으로 생각하는 경향이 있기 때문입니다. 우리에게 당신의 문화를 바꾸는 것은 당신의 믿음을 바꾸는 것이지요. 17세기 스페인 본국에서는 사제들을 보내 원주민들이 혼을 가졌는지, 그들이 알맞은 인간 존재들인지, 그들을 동물처럼 죽여도 되는지, 선한 기독교인으로 바뀔 수 있고 바뀌어야 하는지 조사하게 했습니다. 바로 같은 시기에 원주민들은 스페인 사람들이 썩는지 보기 위하여 그들이 포획하거나 죽인 스페인 사람들의 신체를 물에 빠뜨렸습니다….

스카피시 원주민들은 스페인 사람들이 그들과 같은 종류의 신체를 가졌는지, 정말로 그들과 똑같은 인간인지 보기 위해서 실험을 진행한 거죠.

카스트루 맞습니다. 부패한다면 진짜 살로 만들어진 것입니다. 스페인 사람들은 원주민들이 혼을 가졌음을 배웠고, 원주민들은 스페인 사람들이 신체를 가졌음을

배웠습니다. 이 두 가지 실험—존재론적 추정들
사이의 차이에 직면한 실험—은 인류학의 식민지적
예행이었습니다.

레비스트로스 이후의 레비스트로스

스카피시   이 일화는 레비스트로스가 좋아하는 것 중 하나여서,
당연하게도 당신의 사고 속에서 레비스트로스의
역할을 상기시킵니다. 그에 대한 당신의 견해는,
대부분의 사람들이 알기 힘들지만, 그에게
퍼스펙티브주의의 면모가 있다는 것입니다.

카스트루   나는 항상 레비스트로스가 영어권 세계에서
제대로 이해받지 못했고 언론의 외면을
받아왔다고 생각해왔습니다. 레비스트로스로
이야기되는 것들에는 사실 에드먼드
리치(Edmund Leach)와 로드니 니덤(Rodney
Needham)이 있습니다. 그것들은 그들이
이해한 구조주의의 판본이며 레비스트로스의
판본은 아닙니다. 레비스트로스 자신은 매우
복잡한 사상가로서, 트릭스터(trickster)이자
데미우르고스(demiurge)입니다.* 레비스트로스의

---

*   트릭스터는 책략이나 사기술을 구사하는 장난꾸러기 신이자 파괴자이며,

전체라고 이야기되는 것은 "사고하기 위해 불연속성을 확립해서 분류해야 한다."라는 말로 이해되는 그의 한 측면입니다. 저 레비스트로스는 인간이란 근본적으로 원초적이고 현상학적이며 자연적인 연속체로부터 우리를 분리하는 데에 관련되어 있다고 파악합니다. 그렇게 기호화할 수 있도록 말이죠. 인간이 되는 것은 기호화하는 것이며, 기호화하는 것은 분류하는 것입니다. 분류하는 것은 원초적이고 현상학적이고 감각적인 연속체에 불연속성을 확립하는 것입니다. 이것에 한해 레비스트로스는 주지주의자입니다. 왜냐하면, 지성은 구별하는 반면, 감각과 신체는 모호하고 미숙한 방식으로 움직이기 때문입니다. 잘 알려진 그의 표현에 따르면, 감각과 신체는 모든 회색빛에 물들어가지만, 그에 반해 지성은 사물이 흑색과 백색이기를 바랍니다. 하지만 레비스트로스가 흑백 사상가라는 관념은 터무니없는 것이지요.

스카피시 당신이 [방금] 묘사한 레비스트로스는—데리다, 들뢰즈, 가타리, 주디스 버틀러와 그 외 수많은 이들에 따르면—근친상간 금지와 그에 따른 생물학적 성차를 보편화했고,

---

데미우르고스는 그리스어로 제작자를 뜻하며 의미의 세계를 만드는 거인을 일컫는다.

나비카와라(Nabikawara) 족에게 '로고스 중심적 인간주의'를 순진하게 투사했고, 구조를 연행으로부터 단절시켰고, 언제나 세계를 실제보다 더 이성적으로 제시한 사람입니다.

카스트루 맞습니다. 초기의 저 레비스트로스는 인류학을 인간 정신의 과학으로 여겼고, 거기서 끝이었습니다. 그러나 그다음에 막스 에른스트(Max Ernst)의 친구로, 흡사 예술가, 초현실주의 예술가처럼 작업한 레비스트로스가 있습니다. 이분법의 사상가로서 언제나 상반되는 것들과 작업하는 그는 보통은 엄격한 이원론과 연결되지만, 이 레비스트로스는 그것들을 또한 전복시킵니다. 저 레비스트로스가 이분법적 대립을 확립할 때마다, 이 레비스트로스는 그다음 문장이나 문단에서 그 반대와 잘 맞지 않는다거나 그것을 초월하는 무언가, 여기에도 없고 거기에도 없는 무언가를 보여줍니다. 이를 드러내는 가장 유명한 것은 그 전형인 근친상간 금지입니다. 이것은 그의 엄격한 이분법적 사고의 특징적인 한 예시라고 할 수 있습니다. 그런데 레비스트로스는 이 금지가 자연적이지도 문화적이지도 않고 자연-문화의 이원론은 그것을 설명하지 않는다고 말하면서 논의를 시작합니다. 실제로 그는 곡예의 기교를 부리듯 자연/문화의 이원론이 근친상간 금지를 "설명하지 않는다"고 하면서도 그 이유는

"자연과 문화의 차이를 설명하는 것이 근친상간 금지" 자체이기 때문이라고 말합니다. 항상 이런 식으로 이원론은 레비스트로스가 관심을 가지는 이야기의 전부가 아님을 알게 됩니다.『신화학』시리즈에 이런 문장이 나옵니다. 특정 신화에서 이항 대립을 한참 논증한 후에 뒤이어 그는 "그러나 이것이 전부가 아니다…."라고 결론짓습니다. 그리고서 그는 방금 상정한 이분법 즉 이항 논리보다 실제 상황이 얼마나 훨씬 더 복잡한지를 둘러싸고 완전히 새로운 논리를 전개하기 시작합니다. 이런 식으로 행동하고 이런 식으로 쓰는 자가 음지에서 본류를 거스르는 그 레비스트로스입니다. 4권의 『신화학』중에서 첫 권인『날것과 익힌 것』은 우리가 불의 획득과 함께 어떻게 자연에서 문화로 옮겨갔는지를 다룹니다. 그러나 나머지 세 권은 자연과 문화 사이의 구별을 거스르는 꿀, 담배, 독, 기타 물질의 기원에 대해 말하면서 여기서 그러한 구별이 어떻게 무너지는지를 다룹니다. 무언가는 항상 이항 대립을 벗어나고, 그리고 그는 인간의 근본적인 유한성이 이성이라고 생각합니다. 내가 보기에 여기에 레비스트로스의 형이상학이 놓인 것 같습니다. 실재는 무한하지만 사고는 유한하고, 그래서 사고는 실재를 절대 포착할 수 없다. 케이크를 정확히 절반으로 자를 수 없고, 언제나 어떤 쪽이 다른 쪽보다 약간 크다. 조각이

50대50으로 잘리지 않음을 깨닫는다면 이제 당신은 무엇을 할 것인가? 똑같이 만들기 위하여 먼저 자른 것을 한 번 더 자르지만 이내 문제를 옮겨놓았을 뿐임을 깨닫는다. 실재를 포착했다고 생각할 때조차, 잔여물은 언제나 있다. 그래서 레비스트로스에게 무엇보다 사고를 움직이게 만드는 것은 그 생각조차 할 수 없는 나머지(remainder)입니다.

구조주의에서 변환의 존재론으로

스카피시 당신이 레비스트로스에 대해 강조한 또 다른 지점이 있습니다. 레비스트로스는 『신화학』 2권의 초반부에서 구조는 일련의 신화들이 겪는 변환 속에서만 현존한다고 주장합니다. 이것은 틀림없이 그의 독특한 변환의 존재론을 암시합니다.

카스트루 맞습니다. 레비스트로스의 구조주의에서 중심 개념은 구조가 전혀 아닙니다. 그것은 변환(transformation)입니다. 그리고 그의 글쓰기에서 어떻게 구조라는 단어가 점점 더 드물게 사용되는지 보는 것도 매우 흥미롭습니다. 그의 첫 책의 제목은 『친족의 기본구조 *Les structures élémentaires de la parenté*』지만, 『신화학』에 다다르면 구조라는 단어는 사실상 사라집니다. 시작부터 그는 구조를

변환 그룹으로 규정했습니다. 처음에 변환은
그에게 장소를 바꾸는 사물들이라는 고전적인
의미에서 조합론(combinatorics)의 문제였습니다.
즉 A는 B로 가고 B는 A로 갑니다. 그의 초기 작업은
방대한 '수학적 조합(combinatoria)'으로 구성됩니다.
하지만 그다음에 조금씩 그는 형식의 연속적인
변형을 이야기하기 시작했고, 이러한 접근법을
수리생물학자 다시 톰프슨(D'Arcy Thompson)에게
돌립니다. 톰프슨의 어류와 어류의 형태에 대한
유명한 그림은 다음을 보여줍니다. 당신이 작은
기준척도—말하자면, 척추의 곡률과 같은—를
바꾼다면, 혹은 당신이 단독의 기준척도의 형태학적
가치를 바꾼다면, 당신은 물고기 한 종을 다른 종으로
바꿀 수 있습니다. 그래서 실제로 레비스트로스는
그의 변환 개념이 디지털적이라기보다는
아날로그적이며 불연속적인 변환보다는 연속적인
변환과 더욱 관련이 있다고 말합니다. 처음에 그의
변환은 개별적인 요소들의 조합적인 연행에서
나왔지만, 최종적인 그의 연구업적에서 변환은
일종의 데포르마시옹(deformation)*이 되었으며
변환의 형상은 형태학적이고 위상학적이고

---

* 데포르마시옹은 회화나 조각에서 대상의 특정 부분을 왜곡하거나
과장함으로써 작가의 주관을 드러내고 예술의 창조성을 발휘하게 하는
미술기법의 하나이다.

대담

다시 톰프슨의 그림

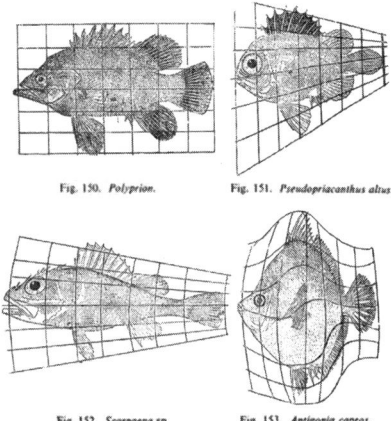

Fig. 150. *Polyprion.* Fig. 151. *Pseudopriacanthus altus.*

Fig. 152. *Scorpaena sp.* Fig. 153. *Antigonia capros.*

신축적이고 탄력적인 것에 이르렀습니다.

스카피시 레비스트로스의 독자 대부분은 『신화학』 시리즈까지 가지 못하고, 심지어 이 책들이 본질적인 것은 전혀 말해주지 않는다고 생각하는 경향이 있습니다. 후기 텍스트들을 세심하게 읽는다면, 『구조 인류학』과 『야생의 사고』와 같은 좀 더 친숙한 텍스트에 대해 배우는 것이 있을까요?

카스트루 중요합니다! 레비스트로스가 변환을 꺼낸 가장 첫 번째 사례는 『구조 인류학』의 '신화의 구조 연구'에서 발견되는 신화를 위한 그 유명한 '표준 공식(canonical formula)'에 있습니다. 표준 공식은 아주, 매우 기묘한 대상(object)으로서 어떤 단순한 수학으로 쉽게 환원되지 않습니다. 많은 사람이 "이것은 말도 안 되는 소리"라며 두 손을 들었지요. 하지만 오늘날 몇몇 수학자들은 이 구조식에서 진정한 수학적 통찰력을 발견하기 시작했습니다. 신화의 표준 공식은 레비스트로스의 경력에서 비교적 초기인 1955년에 등장합니다. 그런데 30년의 침묵 후에 그의 마지막 저서 중 하나인 『질투 많은 여도공 La Potière jalouse』에 느닷없이 재등장합니다. 이번에는 극도로 비조합적인 변환의 예시로서, 완전히 비형식적인 무언가의 정식화로서 나타난 것입니다. 그것은 마치 다다이즘 예술가의 공식이나 파타피직스한* 수학처럼 보이지만, 그러면서도 그것은 분명히 진정한 수학적 의미를 띠고 있습니다. 자드란 미미카(Jadran Mimica)라는 인류학자는 [⋯] 나를 아주 싫어하지만 나는 그의 작업을 매우 좋아합니다…. 미미카는 매우 섬세한 직관력으로 레비스트로스가 엄청난 형태학적(morphological) 상상력을 가졌음을 집어냅니다. 레비스트로스가 온갖 종류의 대상들에서 형태, 이상한 형태를 찾아내는 능력과 대상들의 가장 차이나는 유형들

---

*   파타피직스(pataphysics)는 과학을 모방하는 일종의 패러디로서 전통적인 개념들과 실재의 해석을 이리저리 가지고 노는 것을 일컫는다.

사이―신화와 사원의 사이, 음악 작품과 옷
입는 방식의 사이 등등―에서 형태의 비유적
유사성을 찾아내는 능력을 가졌다고 말입니다.
확인하고 싶다면 레비스트로스의 저서 전반에
걸쳐있는 도표를 보는 것만으로 충분합니다.
기상천외하다고 할만한 도표들인데, 거의 언제나
그가 직접 도안하였지요. 그는 클라인의 병과
뫼비우스의 띠 그리고 실제로 잘 들어맞지 않거나
연결되지 않는 위상학적 형태를 좋아했습니다.
이것들에는 보충적인 차원 혹은 그가 "이중
비틀기(double twist)"라고 부르는 것이 필요합니다.
열정적으로 형태를 이리저리 갖고 노는 가운데에는
언제나 '비틀린' 것들이 있습니다. 나는 그것이
레비스트로스를 자기-해체적인 형식주의자로
만든다고 생각합니다. 그는 사상을 구축한 후에
풀어버리고 무수한 변이형태(metamorphoses)를
내보냅니다. 그래서 나는 이렇게 말하렵니다.
레비스트로스를 읽을 때 구조는 잊고 변환에
집중하라. 변환은 적어도 이 시대에 여하간 구조보다
훨씬 더 전도유망한 개념입니다.

우리 자신을 변환하는 형이상학
: 타자들, 관계들, 그리고 무한한 주체들

스카피시 정치적 이해로 돌아가 봅시다. 당신이 주장하듯이 비교 분석을 할 때 우리 자신이 변형과 변환에 노출됩니다. 만약 누군가가 지적으로뿐만 아니라 정치적으로 한자리에 남아 계속 머물고자 한다면, 어떤 종류의 비교는 엄격히 말해서 불가능합니다. 존재론의 기본 신조가 당신이 말하듯이 '비틀림'에 다다르는 것이라면 정치적 효과가 있겠습니다.

카스트루 퍼스펙티브주의에서 매력적인 것은 그것이 우리를 변환시키는 형이상학이라는 점입니다. 퍼스펙티브주의에 근거해서 서구 인류학 혹은 근대 인류학을 (이 단어의 철학적 의미에서) 다시 기술할 수 있는 반인류학(counteranthropology)을 쉽게 상상할 수 있습니다. 퍼스펙티브주의에는 자기-지시적인 성질이 있지만—그 자신을 기술할 수 있습니다—그것엔 또한 인류학을 반분석할(counteranalyze) 수 있는 외실행적이며 외혼적인 성질이 있습니다. 이러한 의미에서 퍼스펙티브주의는 정치적 대상이며, 나의 과장된 표현으로 즐겨 이야기하는 '사고의 식민화(colonization of thought)'에 대항하는 매우 유용한 정치적 무기입니다. 즉, 그것은 사고의 영구적인 탈식민화를 보조합니다. 우리가 퍼스펙티브주의자가 되어야 한다고 생각한 것은 아니었습니다. 그건 터무니없는 소리지요. 왜냐하면, 실제로 아마존에서조차 아무도 퍼스펙티브주의자가 아니기 때문입니다. 들뢰즈와 가타리는 "우리는 결코 조현병 환자를 본 적이 없다"고 말했고, 나는 실생활에서 퍼스펙티브주의자를 만난 적이 없습니다. 그것은 퍼스펙티브주의가 하나의 개념, 나의 개념이기 때문입니다. 그와 동시에 나는 그 결과가 실재한다고 굳게 확신합니다. 그리고 수많은 인류학 문헌이 증명하듯이 아마존 사람들과 여타 사람들 사이에서 그 결과가 전개되고 있음을 볼 수 있습니다. 퍼스펙티브주의는 모든 곳을 특권적인 장소로 간주한다는 점에서도 정치적으로 시사하는 바가 있습니다. 사실상 특권적인 장소가 전혀 없으므로 보편세계의 모든 장소나 지점은 주체가 될 수 있고 관점이 될 수 있습니다. 인간을 넘어서, 활기(animate)를 띤 것을 넘어서까지 관점의 개념을 일반화하는 것은 존재론적으로 말하면 근본적으로 비군주적인―마찬가지로 비민주적인―세계를 당신에게 쥐여줍니다. 퍼스펙티브주의는 존재론적 아나키와 같습니다. 피에르 클라스트르에게 미안하지만, 퍼스펙티브주의는 국가에 대항하는 우주론으로, 다른 모든 것을 아우를 수 있는 초월적인 관점이란 없음을 의미합니다.* 우주의 모든 지점, 모든 존재, 모든 나무, 모든 동물, 모든 식물이 주체이며, 이런 의미에서 퍼스펙티브주의적 관념으로서 인간은 우주의 기본 상태라는 것입니다. 이것은 인간성이 특권적인 위치에 있음을 의미하지 않습니다. 모든 것이 인간이라면, 인간 존재 자체는 특별한 경우를 만들지 않습니다. 사람들은 애니미즘이 원시인, 아이, 미치광이의 나르시시즘적이고 의인화된 인간중심적인 환상이라고 생각하는 경향이 있습니다. (프로이트의 저작 및 다른 여러 곳에서 이러한 견해를 발견할 수 있습니다.) 그러나 애니미즘은 정확히 그 반대에 있습니다. 모든 것이 인간이라고 말한다면, 인간이 특별하지 않다고도 말해야 합니다. 왜냐하면, 모든 것이 우리와 같기 때문입니다.

스카피시 당신이 묘사하는 것—존재 혹은 관점의 초월적 중심이 없는 존재론—은 우주, 아니 실로 관계적인 다중우주를 수반하고 있어서 정체성이나 고정된 용어와 같은 것을 얻기 위해서는 엄청난 노고가 필요합니다. 그리고 저 다중우주 속에서 정체성 대신에 있는 것을 기술하기 위해서 당신은 가상적 친연성(virtual affinity)이라는 용어를 사용해왔습니다. 그것이 무엇입니까?

---

* 『국가에 대항하는 사회』, 홍성흡 옮김, 이학사, 2005, 234~270쪽 참조.

카스트루 가상적 친연성을 저 위대한 로이 와그너―
천재임에도 불구하고 아메리카 인류학에서
과소평가된 이름―를 참조하여 설명해보겠습니다.
와그너의 주장을 풀어보면, 우리의 문제는 우리는
점들로 이루어진 하나의 세계로부터 시작했는데,
그러고 나서 그것들을 연결하기 위해 어떻게 선을
이을까 걱정하고 있다는 것입니다.* 달리 말해 기본
입자들의 우주로부터 시작한 우리는 다음 단계로
그것들 사이의 관계를 확립해야 합니다. 사회적
삶은 존재론적으로 관련이 없는 사물들 사이의
관계를 제도화하는 것입니다. 그래서 관계는 각 항
다음에 옵니다. 각 항 곧 날것의 대상은 자연이나
그런 부류에 의해 주어지고, 그에 반해 관계는
사람이 만듭니다. "원주민"의 관점―와그너는
여기서 아메리카 원주민을 발리인, 뉴기니인 등등과
함께 묶습니다―은 다른 끝에서 출발합니다.
원주민들은 관계와 함께 시작합니다. 그리고
그들에게 진짜 문제는 관계로부터 어떻게 사람들을
생산하며 관계적인 흐름으로부터 어떻게 안정적인
정체성을 만드는가에 있습니다. 그러한 수많은

---

* 예를 들어 다음을 참조할 수 있다. Wagner, Roy. 2001. *An Anthropology of the Subject: Holographic Worldview in New Guinea and Its Meaning and Significance for the World of Anthropology*. Berkeley: University of California Press, p.236.

세계에서 문제는 어떻게 관계하는가가 아니라 어떻게 분리하는가입니다. 이 세계들에서는 모든 것이 이미 너무 많이 연관되어 있고, 그래서 문화적 과업은 비관계성을 위한 공간을 확립하는 것입니다. 우선 원주민의 퍼스펙티브에서는 특히 인간의 정체성을 안정화해야 하는데, 왜 그러겠습니까? 아까 말했듯이 모든 것이 인간이기 때문입니다. "당신은 어떤 종류의 인간인가?"라는 질문을 던져봅시다. 만약 재규어가 나를 야생 돼지로 본다면, 나는 실제로 무엇일까? 나는 나 자신을 인간으로 보지만, 재규어는 그렇지 않다. 그리고 나는 재규어가 재규어 자신을 인간으로 본다는 것을 안다. 내가 재규어를 인간으로 보지 않는다고 해도. 나는 재규어를 재규어로 본다. 주체의 위치를 누구나 차지할 수 있으므로 이 세계는 매우 위험한 세계입니다. 당신은 다른 존재와 마주칠 때마다 그것을 놓고 다투어야 합니다. 당신이 숲에서 적을 만났다고 해봅시다. 이때 전형적인 의례에는 적의 다음과 같은 말들이 담기겠지요. "나는 인간이다. 나는 정령이 아니다. 나는 동물이 아니다. 그러므로 나는 너와 같은 인간이다." 누구나 그가 인간이라는 것을 분명히 알고 있지만, 요지는 모두가 경험적으로 아는 것이지 초월적으로 알지 못한다는 것입니다. 이런 식으로 관계는 항보다 앞서 있고, 항은 생산되기 위해서 관계로부터 추출되어야 합니다. 따라서 근대 서구에 존재하는 수많은 형이상학적 불안은 와그너의 소위 원주민 세계에서는 존재하지 않습니다.

스카피시 정신분석과 실존정신의학은 아메리카 원주민의 불안을 진단하는 데에 실제로 어려움을 겪었을 것입니다. 사람들이 시체가 된 꿈을 꾸는 것은 꿈꾸는 사람이 독수리처럼 보고 있다는 것이고 그래서 독수리로 탈바꿈하고 있는 신호라는 주장에 대해, 아니면 인간인 동시에 재규어가 된 꿈을 꾸었다면 샤먼이 되고 있는 거라는 주장에 대해 정신분석학자가 뭐라 말할 수 있겠습니까?

카스트루 그렇습니다. 하지만 나는 가장 현대적인 의미에서 '형이상학적 불안'을 의미한다고도 말하겠습니다. 예를 들어서, 상관주의(correlationism)를 보세요. "사고와 존재는 상관적인가, 아니면 그것들은 서로에게 독립적으로 간주될 수 있는가?"라는 메이야수의 유명한 질문을 보세요.* 이 질문은 모든 관계를 단 하나의 관계(Relation)로 환원하는 것으로 보입니다. 사고와 존재 사이의 단 하나의 관계, 인간과 비인간 사이의 단 하나의 관계. 하지만

---

* Meillassoux, Quentin. 2011. "Appendix: Excerpts from L'Inexistence divine." *Quentin Meillassoux: Philosophy in the Making.* by Graham Harman, Edinburgh: University of Edinburgh Press, pp. 175-238.

메이야수가 원주민이었다면…(웃음), 그의 상관주의는
보편적 관계성 속으로 사라질 것입니다. 그 속에서
인간과 다른 존재들 사이의 관계는 오직 무한수 가운데
하나일 뿐입니다. 인간 사고와 존재 사이의 관계에
대해 특별한 것은 없습니다. 왜냐하면, 존재는 그
자체로 관계적이니까요! 그리고 사고 자체는 우리의
머릿속에만 있는 것이 아니라 어디에나 있습니다.
이러한 전망은 우리가 서구에서 마주하는 익숙한
것들과는 완전히 다른 일련의 문제들을 생산할
것이고, 생산합니다. 정체성은 아메리카 원주민의 큰
문제입니다. 반면에 우리에게는 […] 흄이 정체성의
파괴에 시동을 걸었다고 할지라도, 우리는 여전히
정체성을 다소간 기본적인 논리 실체로 생각합니다.
무모순(noncontradiction)의 원리는 우리 철학 안에서
대체로 온전하게 남아있으며 거의 논의되지 않습니다.
하지만 아메리카 원주민의 사고에서는 A이면서
동시에 A가 아닌 것이 기본 상황입니다. 원주민들에게
무모순의 원리가 요구하는 것은 불가능성입니다.

사고의 영속적인 탈식민화와 '우리'의 인류학

스카피시 메이야수에 반대하는 이 주장들은 당신이 "사고의
영속적인 탈식민화(permanent decolonization of
thought)"라고 부르는 그것의 한 예에 해당하는지

궁금합니다. 저 용어가 무엇을 의미하는지를 두고 의문이 있어왔지요.

카스트루 분명히 말하자면, 나는 아메리카 원주민을 철학자로 바꿀 생각이 없습니다. 원주민에게 형이상학적 사변의 능력을 부여하는 것이 그들을 더욱 가치 있게 만드는 일인 것처럼 생각하지도 않고요. 하지만 철학자가 되는 것은 별일 아닙니다. 아메리카 원주민에게 인간이 되는 것이 별일 아니기 때문입니다. 내가 말한 '영속적인 탈식민화'에서 형용사는 매우 중요합니다. 요점은 최종적인 탈식민화 같은 것은 없다는 것이며, 그 이유는 사고 자체가 일종의 식민화, 즉 당신의 사고와 타자의 사고 사이의 위계적 관계화이기 때문입니다. 그래서 '영속적인 탈식민화'는 사고가 "나는 생각한다, 고로 존재한다" 외의 무언가가 될 수 있음을 말하는 난해한 길입니다. 이 구호가 더 나을까요? "다양한 사상(事象)은 나에 의해 생각된 것이다"*—나는 라이프니츠는 이 말을 통해 코기토에 이의를 제기했다고 봅니다. 다음으로는 서구 철학자들이 야만인과 관련해서

---

*   Leibniz, G. W. 1969. *Critical Thoughts on the General Part of the Principles of Descartes, in Philosophical Papers and Letters*. Loemker, Leroy (ed.), 2nd., Dordrecht: Reidel, p.385.

비문자 사람들을 진지하게 고민하지 않는다는 것입니다. 그들은 오직 문자로 쓰인 텍스트만을 중시합니다. 프랑수아 줄리앙(François Jullien)은 중국 현자와 그리스 철학자들을 비교할 수 있다고 생각하는데, 그 이유는 중국인들이 텍스트를 가지고 있어서입니다. 그에 반해 나바호 족, 아파치 족, 호피 족은 문자언어(corpus)가 없으므로 그들과는 비교 형이상학을 할 수 없다고 합니다.* 그리고 여기에는 비문자 민족에 대한 더 깊은 편견이 있습니다. 그 구성원들이 개인으로서 전혀 사고하지 않는다—그들의 사변적 삶은 쉽게 기억할 수 있는 인지 공식을 반복할 뿐이다—는 가정입니다. 많은 인류학자가 이런 편견을 공유하고 있고, 인지 인류학은 어떤 관점에서 보면 이 편견에 기반해있습니다. 레비스트로스조차 신화는 개별적 사고의 오랜 침식 과정의 결과라고 주장했습니다. 끝까지 남는 것은 기억되는 어떤 것이고 구술로 전승되는 의미라는 것이지요. 그러므로 아메리카 원주민은 이전에 생각되었던 것—개인이 아닌 전통에 의한 사고—만을 생각할 수 있다고요. 이런 태도에는 전통에 대한 편견뿐만 아니라 발명에 대한 편견도 있습니다. 도곤(Dogon) 족의 원로였던

---

* Jullien, François and Thierry Marchaisse. 2000. *Penser d'un dehors (la Chine)*. Paris: Seuil.

오고템멜리(Ogotemmêli)와 같은 사람이 전통적인 도곤 사상의 기묘한 본래 형식을 어렵게 찾아내고 나면, 인류학자들은 그 결과가 더는 토착적이지 않다고 말하지 않습니까? 제보자나 현지 안내자는 도곤의 정신과 무관한 변칙적 사례일 뿐이라고요.*

스카피시 마르셀 그리올(Marcel Griaule)은 오고템멜리가 그에게 해준 이야기들이 어떤 체계적인 사상을 반영한다고 착각한 거라고들 말하죠.

카스트루 승산 없는 시나리오입니다. 당신이 사고한다면, 당신은 더 이상 도곤 족이 아닙니다. 당신이 도곤 족이라면, 서구적 사고에는 미치지 못하는 오래된 신경인지 공식을 반복할 수밖에 없지요. 이렇게 말할 수도 있습니다. 칸트와 매개되지 않은 인간 두뇌 사이에는 2,500년의 두터운 역사가 상정되고, 그에 반해 보로로 족 샤먼과 매개되지 않은 두뇌 사이에서는 피질 2밀리미터 두께의 내가 모르는 특정 언어와 어느 환상적인 우화가 발견되기를 기대한다고요. 그래서 당신은 라이프니츠나 칸트에 대한 인지 분석은 할 수 없지만, 원주민의 신화나 도곤 족의 의례에 대한 인지 분석은 할 수 있습니다. 왜냐하면, 이 사람들은 인간의

---

* Griaule, Marcel. 1965. *Conversations with Ogotemmêli: An Introduction to Dogon Religious Ideas*. Oxford: Oxford University Press.

본성을 직접적으로 표현하는 반면 칸트는 칸트 철학을 표현하기 때문입니다. 그리고 만약 누군가가 "음, 오고템멜리는 어떤가요?"라고 물으면, 대답은 이와 같겠지요. "그는 존재하지 않습니다. 오고템멜리는 그리올입니다. 오고템멜리는 그리올이 듣고 싶은 말을 하고 있으니까요." 그래서 이 게임에서 원주민—나는 이 속에 제인 로버츠도 포함하겠습니다—은 항상 패자입니다.

스카피시 당신은 이 게임에 '원주민 엿 먹이기'라는 이름을 붙였습니다. 그리고 당신은 우리가 범주와 개념에서 완전히 유럽인으로 남는 것은 마찬가지로 우리 자신을 엿 먹이는 일이 될 거라고 분명히 느끼고 있습니다.

카스트루 나는 최근 데보라 다노프스키(Déborah Danowski)와 함께 지구 온난화와 생태적 파국에 관한 긴 글을 썼습니다.* 이 글은 라투르와 이사벨 스탕게르스(Isabelle Stengers)의 가이아 및 인류세 개념을 두고 다툽니다. 나는 다음처럼 생각한다는 것을 알았습니다. '음, 가이아는 정말 멋지고

---

* Danowski, Déborah and Eduardo Viveiros de Castro. 2014. "L'Arrêt du monde." *De l'Univers clos au monde infini*. Hache, Émilie (ed.) Bellevaux: Éditions Dehors, pp. 221-339.

흥미로운 개념이군. 하지만 그리스 신이라면 이제
진절머리가 나지 않나?' 나는 우리가 사용하고 있는
모든 단어가 그리스어라는 것을 깨달았습니다.
인류세(Anthropocene), 가이아(Gaia), 대재앙(cataclysm),
파국(catastrophe), 종말(apocalypse). 우리는 여전히
그리스어로 생각합니다. 하이데거라면 당연하다고
말하면서 우리는 그리스어 외에 어떤 언어로도
생각할 수 없다고 했겠지요. 그래서 나는 철학의
탈헬레니즘화(de-Hellenizing)에 관심이 많습니다.
그러나 그것은 '칙령'에 의해서도 주술에 의해서도
이뤄질 수 없습니다. 또 다비 코페나와 오고템멜리
혹은 이런저런 원주민 사상가가 데리다나 들뢰즈의
뒤를 이을 것이라고 공언한다 한들 이뤄질 수
없습니다. 그리스어는 실질적으로 우리가 사용하는
과학적이고 정치적인 언어이기 때문에, 우리는
효과적으로 헬레니즘의 사상 공간 안에서 철학을
탈헬레니즘화해야 합니다.

스카피시 알겠습니다. 그런데 어떻게 해야 할까요?

카스트루 파트리스 마니글리에는 21세기 인류학은 근대성의
시초부터 오늘날까지 물리학이 수행한 과학의 모델
역할을 할 수 있고 또 해야 한다고 내게 말한 적이
있습니다. 나는 이 의견에 전적으로 동의합니다.
그의 관점에서 인류학은 경험적이면서도 형이상학적

비교를 통해 우리 자신에 관한 진리를 만들어내는데, 이것은 우리 자신과 우리가 살아가는 우주(들)을 정의하기 위한 물리학의 진리만큼이나 중요할 수 있습니다. 나는 이 생각이 매우 매혹적이고 고무적이라고 봅니다. 이는 (라투르, 스탕게르스, 그 외 사람들도 강조하듯이) 우리가 생태학적 위기를 맞아 적절한 방법으로 우주를 다시 생각해야 한다면 인류학이 필요하기 때문만이 아닙니다. 그것은 사고의 탈헬리니즘화와 사고의 탈식민화가 지적 프로젝트로서 인류학에 의해 어떻게 수행될 것인가를 명확히 보여주기 때문입니다. 만약 일반적으로 타민족의 사상, 타자의 사상이 사고의 필요조건이라고 한다면, 그때 당신은 우리가 도대체 누구인지 명시하지 않고서는 더 이상 '우리'를 말할 수 없습니다. 우리는 나보다 훨씬 더 위험한 대명사입니다. 내가 누구인지는 아무도 신경쓰지 않는데, 결국 나는 그저 나 너이니까요. 그러나 '우리'를 말하는 순간 이 주장을 뒷받침하는 어떤 지구적 집단 정체성이 만들어지게 되고, 철학자들은 더 이상의 구체화 없이 '우리'를 말하는 것을 너무나 좋아합니다. 철학자들의 '우리'는 보로로 족을 포함할까요? 아라페시 족은? 제인 로버츠는? 이 땅의 비참한 이들은? 아니면 그 '우리'는 오직 자유주의 전통에 속한 학자들에 해당하는 것일까요? 아니면 미국 시민들만을 위한 것일까요? 도대체 '우리'는 무엇이고 누구일까요? 나는 인류학이 '우리'라고 말하는 필요조건을 명시하는 과학으로 정의될 수 있다고 생각합니다.

옮긴이 후기
아마존에서 퍼 올린 21세기의 인간학

1. 인류학의 새 장을 열다

이 책의 저자인 에두아르두 비베이루스 지 카스트루(Eduardo Viveiros de Castro)는 유럽과 아메리카, 일본 등지에서 지식계 전반의 사고 전환을 촉발한 인류학자로서 명성이 높다. 또 최근 영미권을 비롯한 세계 각지에서 새로운 철학과 이론을 주창하는 학자 중에는 그의 영향을 받은 이들도 적지 않다. 반면 한국 지식계에서 그는 무명에 가깝다. 한국에 그의 이름은 알려지지 않았지만, 세계적으로 일고 있는 포스트휴머니즘(post-humanism)의 사조가 파편적으로 유입되는 와중에 그의 이론이 출처가 밝혀지지 않은 채 피상적으로 운위되고 있다. 그가 이끄는 지식계의 사상적 전환을 체계적으로 파악하지 않으면 안 될 시점에 와있는 것 같다. 이 책은 그 첫걸음을 떼기에 충분한 위상을 갖는다.

    이 책의 원서는 2011년에 출간된 *The Inconstancy of the Indian Soul: The Encounter of Catholics and Cannibals in 16th-century Brazil*(Gregory Duff Morton (trans.), Chicago: Prickly Paradigm Press)이다. 그렇지만 원출처가 되는 포르투갈어

논문은 그보다 훨씬 전인 1992년에 출판되었고("O mármore e a murta: sobre a inconstância da alma selvagem", *Revista de Antropologia* 35: 21-74), 그 이듬해인 1993년에 프랑스어로 번역된 이후, 2002년에 간행된 저자의 논문 모음집(*A Inconstância da Alma Selvagem*, São Paulo: Cosac Naify)에 수록되었다. 모음집의 제목을 이 글 제목에서 따온 것에서 알 수 있듯이, 이 글은 저자의 학문 세계에서 중요한 위치를 차지한다. 또 저자는 포르투갈어 논문이 나온 지 18년이 지난 2010년에 이 논문을 수정 보완했는데, 이 책은 바로 이 미발간 원고의 영어번역본을 원서로 삼았다. 단행본으로서 이 글의 저작권은 영어판에 있다.

영어판 단행본으로 나오기까지 복잡한 이력을 지닌 이 글은 판본에 따라 본문의 내용과 편집에서 약간씩 차이를 보인다. 글 자체를 전면적으로 수정했다기보다는 각 언어권의 번역자가 자기 언어권 독자들의 이해를 돕기 위해 '의역'과 '편집'을 한 탓이다. 특히 영어판에서는 독서 편의를 고려한 탓인지 포르투갈어 논문의 각주가 대거 생략되었다. 그만큼 이 글이 근대사상의 대항적 주제를 담고 있는 데다가 본문 중간중간에 논쟁적 맥락을 보충 설명하는 단락이 삽입된 특이한 구성으로 인해 독해하기가 쉽지 않음을 말해준다. 또한, 2002년의 포르투갈어 논문 모음집이 재편집을 거쳐 2017년에 신판으로 출간되었다. 이 글이 1992년 이래 약 30년 동안 판본을 달리하면서 계속해서 재출간되었다는 것은 그 시의성이 여전하다는 방증이다. 그런데 바로 그 점 때문에, 우리 번역자들은 이 글을 한국어로 옮기는 데에서 영어판에 전적으로 의거할 수가 없었다. 영어판을 기본으로 하되 최근 간행된 포르투갈어 신판과 프랑스어판 그리고 일본어판을 함께 대조하여 되도록 이 책에 표현된 저자의 뜻을 빠짐없이 한국어판에 담고자 했다.

비베이루스 지 카스트루는 1951년 브라질의 리우데자네이루에서 태어났고, 리우데자네이루 교황청 가톨릭 대학(Pontifícia Universidade Católica do Rio de Janeiro)에서 사회학을 전공한 후 1974년 리우데자네이루 연방 대학의 국립박물관 대학원 과정에 진학했다. 1976년 브라질 동남부 해안의 야왈라피티(Yawalapíti) 족을 현지 조사해서 1977년 석사학위를 취득했고, 1981년부터는 아마존 투피게 종족인 아라웨테 족을 현지 조사해 1984년 박사학위를 취득했다. 그는 박사 논문을 책으로 펴낸 『아라웨테 족: 식인의 신들』(1986년)을 필두로 아마존을 중심으로 한 아메리카 원주민에 관한 저서를 꾸준히 출간했다.

그리고 드디어 1998년에 발표한 「우주론적 직시와 아메리카 원주민의 퍼스펙티브주의」("Cosmological deixis and Amerindian perspectivism", *Journal of the Royal Anthropological Institute* 4(3): 469-88)라는 논문에서 다자연주의(multinaturalism)와 퍼스펙티브주의(perspectivism)라는, 21세기 인류학을 선취하는 획기적인 사상을 종합적으로 제시한다. 이 논문을 계기로 그는 세계적인 사상가로 발돋움했으며, 영국의 사회인류학자 메릴린 스트래선과 더불어 서구중심의 20세기 인류학의 한계를 근본적으로 돌파하고 사상의 폭을 근대유럽의 지성사에 대한 비판에까지 확장해나갔다. 또 케임브리지 대학을 중심으로 한 영국 사회인류학의 소장 학자들과 뜻을 함께하여 21세기 인류학을 전망하는 가운데 '존재론적 전회(Ontological Turn)'라는 인류학의 새로운 사조를 정립한다. 2009년에는 '사고의 탈식민화'와 '타자되기'의 존재론을 구상하는 『식인의 형이상학』(한국어판은 2018년)을 출간했다. 『식인의 형이상학』을 통해 그는 '칸트 이후'를 모색하는 유럽의 젊은 철학자들과 비서구 인류학자들 간의 학문적 협업의 가능성을 열었으며, 지금까지도 세계 지식계의 판도를 유로-아메리카 중심에서 탈중심 혹은 다중심으로 전환하는 데에 적극적으로 관여하고 있다.

 이러한 그의 학문 여정에서 『인디오의 변덕스러운 혼』은 아마존의 원시사회 고찰에서 근대유럽의 형이상학 비판으로 연구 범위와 영역을 확장하는 교두보 역할을 한 책이라 말할 수 있다. 그러므로 아마존에 대한 민족지적 연구로부터 아메리카 원주민의 형이상학으로서의 다자연주의와 퍼스펙티브주의로 나아가는 그의 학문 궤적을 이해하기 위해서는 결코 이 책을 빼놓을 수 없다. 이 책이 아마존의 원주민들뿐만 아니라 이들을 '변덕스러움'으로 형상화한 16세기 유럽의 선교사들까지 주요 등장인물로 삼은 것도 그 후 본격적으로 전개되는 서구중심의 근대사상 비판을 예비한 것이라 하겠다. 1492년 콜럼버스의 '신대륙 발견' 이후 정확히 500년이 흐른 1992년, 그는 아마존의 '야성적 사고'로부터 근대사상을 전복하려는 야심 찬 계획의 시동을 걸었다.

2. 유럽의 아메리카 정복과 세계선교

『인디오의 변덕스러운 혼』은 16세기 유럽 선교사들과 아마존 원주민들의 만남에서 시작된다. 그는 왜 '인디오의 혼'을 논함에 있어서 유럽의 선교사들을 전면에 내세운 것일까? 이 질문에 답하기 위해서는 먼저 유럽의 아메리카 정복사를 살펴볼 필요가 있다. 알다시피 15세기 유럽에서는 이탈리아 상인 마르코폴로의 『동방견문록』(1298년)에 자극받아 '미지의 세계'에 대한 호기심과 탐험의 열망이 최고조에 이르렀고, 마침내 유럽인들은 1492년 콜럼버스의 '신대륙 발견'이라는 사건과 마주하게 된다. 이 사건은 유럽인들에게 또 다른 길을 제시했고 교회 역시 예외가 아니었다.

특히 가톨릭은 십자군 전쟁의 패배와 프로테스탄트 종교개혁으로 인해 바닥으로 추락한 교황청의 위상을 바로 세울 수 있는 절호의 기회로서 '세계선교'를 기획한다. 더욱이 아메리카 대륙에 상륙한 스페인인들과 포르투갈인들은 자신들을 가톨릭의 수호자로 자처하며 교황권을 옹호했기에 교황청은 이들 나라의 아메리카 정복에 호의적이었다. 두 나라의 국왕은 정복한 땅에 대한 교황청의 인증 절차를 요구했고, 교황의 주재하에 1494년 토르데시야스 조약을 체결하여 교황청으로부터 현 브라질과 나머지 남아메리카 지역을 분리해 통치하는 권한을 보장받았다. 그와 더불어 양국은 해당 지역에 관한 무역독점권과 함께 복음을 전파할 의무를 떠안았다. 교황은 왕에게 교구 설립 및 선교를 위한 제반 권한을 위임했고, 이에 정복자들은 아메리카의 토착

'종교'를 근절하고자 했다.

　주지할 점은 정복자들이 상업적 야심과 종교적 열망을 분리해서 사고하지 않았다는 것이다. 스페인은 8세기 초부터 약 800년 동안 북아프리카 이슬람 세력의 이베리아 정복에 대항해 국토회복운동인 '레콩키스타(Reconquista)'를 벌여왔고, 이 오랜 세월을 거쳐 이교도를 사목하고 구원해야 한다는 소명의식을 갖게 되었다. 스페인의 이사벨 여왕은 '영토 정복의 유일한 정당성은 현지인의 복음화에 있음'을 천명했고, 포르투갈의 국왕 역시 신의 왕국을 건설할 메시아적 존재를 자처했다. 이들에게 세계는 신이 창조한 위계적 공간이었고 세속권력은 교회와 더불어 그 위계질서를 확장하고 유지하는 행동부대였다. 요컨대 유럽인들에게 세계선교는 정복 전쟁의 부가적인 요소가 아니라 정복 그 자체였다.

　기본적으로 이베리아인들은 자신들은 우월하고 원주민들은 열등하다고 생각했다. 특히 '식인'은 원주민의 열등함과 이단성을 입증하는 표지로서 부각되었다. 식인에 관한 구체적인 증언은 한스 슈타덴, 프란체스코회 신부 앙드레 테베, 그리고 칼뱅주의자인 장 드 레리의 여행기를 통해 유럽인들에게 전달되었고, 카스트루 역시 이들의 기록을 주요하게 참조하고 있다. 나아가 원주민들이 유럽의 침략자들을 신으로 받아들인다는 보고는 원주민에 대한 유럽인의 우월의식을 더욱 부채질했다.

　유럽인은 한편으로는 우월감을, 다른 한편으로는 사명감을 가지고 원주민을 어떻게 개종할지를 궁리하기 시작했다. 정복자들 대다수와 교회 내 일부 신학자들은 원주민에게는 영혼이 없으므로 원주민을 노예로 삼을 수 있다고 생각했다. 가령 신학자이자 인문주의자인 후안 히네스 데 세풀베다(Juan Ginés de Sepúlveda, 1490~1573)는 식인행위와 인신공희에 관한 증언을 토대로 원주민은 열등하고 잔인하며 하느님을 인식할 수 없기에 식민 지배와 정복은 자신들의 의무라고 설파했다. 또 도미니크회 수도사들은 원주민의 선교 가능성에 회의적이었다. 하지만 모두가 그런 것은 아니었다. 반대로 프란체스코 수도회는 선교 경험을 근거로 원주민도 이성적 능력이 있다고 주장했다. 원주민 개종을 둘러싼 의견 대립은 16세기 가톨릭의 주요 논쟁거리 중 하나였으며, 이러한 대립은 각 수도회의 선교 양상에서도 확인된다.

    초기 주요 선교집단은 프란체스코회, 도미니크회, 아우구스티누스회 등의 탁발 수도회였다. 물론 프로테스탄트 측에서도 16세기 아메리카에 선교사를 파견했고, 그 결과로 앞서 언급한 장 드 레리의 투피과라니 여행기가 지금까지 남아있다. 하지만 무엇보다 지대한 것은 스페인과 포르투갈 정복자들에 의한 가톨릭의 영향이었으며, 스페인 식민지는 탁발 수도회 수사들의 주 활동지였다. 그들에게는 요한묵시록에 언급된 천년왕국 사상, 즉 그리스도가 최후의 심판 이전에 재림하는 황금기가 지상에 도래할 것이라는 믿음이 있었다. 임박한 종말에 대한 기대는 '신대륙 발견'과 맞물려 새로운 인류를 향한 성스러운 복음의 전파 임무로 이어졌다. 그에 따라 1524년에는 스페인의 프란체스코회가, 1526년에는 도미니크회가, 예수의 열두 제자를 모티브로 한 열두 명의 수사를 아메리카 대륙에 파견했다. 이들의 종말론적 사고는 기묘하게도 원주민들의 믿음 체계와 부합했다.

종말론적 신학에 기반해 그들은 최대한 빨리 많은 원주민을 전도하고자 했다. 기록에 따르면, 매주 300명에서 500명의 아이들에게 세례를 베풀었고 심지어 하루에만 14,000명에게 세례를 베푼 적도 있었다. 그와 동시에 수사들은 원주민의 우상숭배를 철폐하고자 했다. 가톨릭의 입장에서 우상숭배는 이교도 의식의 핵심이었기에, 그들은 원주민들에게 널리 퍼져있는 전통적 미신을 타파해야 선교가 가능하다고 생각했다. 하지만 원주민들은 세례를 받은 후에도 곧바로 우상숭배와 인신공희를 행했고, 이렇듯 토착의 믿음 체계는 개종과 병행되었다.

그에 따라 선교사들이 생각해낸 원주민 선교의 가장 효과적인 방법은 원주민들을 한데 불러 모아 공동체를 조직하는 것이었다. 새로운 정착촌을 만드는 '콩그레가시온(Congregación)' 운동은 마을 안에 교회를 건립하고 선교사들과의 지속적인 접촉을 통해 원주민들이 가톨릭 '문화'에 젖어 들도록 하는 방침을 세웠다. 한편 선교사들은 토착 사회를 더 깊이 이해하기 위해 원주민의 생활방식과 주변 환경을 조사해서 민족지적 기록으로 남기고 원주민의 언어를 익혀 그들의 언어로 복음을 전파했다. 시각적 장치 역시 중요한 선교 수단이었다. 수도사들은 원주민들이 성당에 드나들며 자주 볼 수 있도록 성스러운 상징물을 벽화로 그려두었다. 또 원주민들이 배우 역할을 맡아 최후의 심판과 같은 종말본적 테마의 연극을 상연하도록 했다. 이 연극에는 토착의 문화적 요소들도 혼합되었다. 이와 같은 방식으로 탁발 수도회 수사들은 원주민을 가톨릭의 세계로 이끌고자 했다.

　　예수회는 탁발 수도회보다 조금 늦게 포르투갈 점령지를 중심으로 선교 활동을 개시했다. 카스트루가 이 책에서 참조하는 문헌 대부분은 예수회와 관련된 것들이다. 예수회는 종교개혁에 대한 가톨릭적 대응으로서 1534년 이그나티우스 데 로욜라(Ignatius de Loyola)에 의해 창설된 선교단체인데, 창설되고 얼마 지나지 않은 1549년 아메리카 대륙에 첫발을 내디딘다. 예수회는 1760년 세바스티앙 조제 드 카르발류 이 멜루 제1대 폼발 후작에 의해 추방될 때까지 포르투갈 메시아주의의 가장 주요한 단체로 활약했다.

　　예수회 수사들은 교육을 중시하는 적응주의 선교 전략을 채택했다. 설립자 로욜라가 영적 수련을 강조하고 인문주의를 지향했기에 단순 포교보다는 교육을 통한 계몽적이고 사목적인 선교 활동에 주안점을 두었다. 수사들은 원주민 문화 속으로 들어가 토착 세계에서 복음의 가능성을 찾으려 했다. 대표적으로 마누엘 다 노브레가는 투피과라니어로 교리서를 작성했고, 브라질 문학의 아버지라고도 불리는 호세 데 안시에타 역시 노예제를 부정하며 투피과라니 문법서를 출간하고 지역문화와 환경에 관한 중요한 기록들을 남겼다. 또한, 예수회는 원주민 엘리트는 물론 하층민에게까지 무상교육을 제공했다. 안토니우 비에이라의 경우, 원주민 마을 50여 개를 만들고 교리공부를 위한 교육과 노예제 반대에 힘을 기울였다.

　　예수회의 원주민에 대한 인문주의적 관심은 마을 공동체 설립으로도 이어졌다. 탁발 수도회의 콩그레가시온과 마찬가지로, 예수회는 '알데이아스(Aldeias)'라는 선교사-원주민 생활공동체를 설립했다. 이를 통해 예수회 수사들은 대규모 농장주를 비롯한 유럽 식민자들의 원주민 노예화와 대량학살로부터 원주민들을 보호하고자 했다. 실제로 그들은 식민지 총독으로부터 알데이아스에 거주하는 원주민들에게 간섭하지 않겠다는 약속을 받아내기도 했다. 이처럼 알데이아스 설립은 가톨릭으로 개종한 원주민의 삶을 보호하려는 방책이었고, 그와 동시에 자연스럽게 가톨릭 문화로 원주민을 포섭하려는 선교 전략이었다.

이처럼 탁발 수도회나 예수회가 아메리카 원주민에게 우호적인 태도와 감정을 가지고 복음 전파에 나선 것은 분명하다. 실제로 남아메리카 지역에서 비교적 원활하게 가톨릭 선교가 이루어졌고 토착 종교의 반발이 크지 않았던 것은 '영혼의 정복'이 성공적이었음을 증명하는 것처럼 보인다. 하지만 카스트루는 이 사실이 역설적으로 개종의 실패를 반증한다고 주장한다. 그가 주장하듯이, 원주민들에게 한 번의 세례는 영원한 개종을 뜻하지 않았다. 원주민들은 계속해서 소위 우상숭배와 식인의 세계로 되돌아갔다. 마을 공동체 설립을 통한 생활방식의 총체적 전환이 가장 효과적인 선교 전략이었지만, 그런데도 원주민들은 여전히 자기 문화에 기반을 둔 채 유럽적인 것을 포식하고자 했다. 가령 선교사들의 운명론과 마찬가지로 투피계 종족들에게도 그들 나름의 운명론—선택된 백성인 자신들도 신의 예언을 이행하면 악 없는 땅에 갈 수 있다는 믿음—이 있었다. 요컨대 선교사들이 원주민들과 상호 소통한다고 생각한 순간에도 원주민들은 선교사들의 세계를 자기 세계로 포식하고 있었던 셈이다.

원주민의 운명론 이면의 '식인성'은 카스트루 자신에게 인류학의 영감이자 아마존 문화의 강력한 유산으로 남아있다. 1928년 브라질 모더니스트 오스바우지 지 안드라지가 발간한 식인종 저널 1권 1호에 실린 「식인종 선언」에는 타문화를 식인해온 아마존의 강렬한 힘이 찬미되고 있다. **"투피냐, 투피가 아니냐, 그것이 문제로다**(Tupi or not Tupi: that is the question)." 그래서 카스트루는 원주민을 '변덕스러운 혼'으로 묘사하는 선교사들의 시선을 이번에는 원주민의 관점에서 논하고자 한다. 이때 드러나는 것은 원주민의 변덕스러움이 일관되다는 것, 그 일관됨의 논리가 16세기 유럽인의 시선에 포착될 수 없었다는 것, 그것은 다름 아닌 타자에게 열려있는 사고라는 것이다.

3. 아메리카 원주민의 식인주의와 열린 타자성

'아메리카 원주민은 식인적이다.' 이 말은 얼핏 보면 쉽게 이해되는 것 같다. 보통 식인이란 사람을 먹는 행위 또는 관습을 말하므로, 이 말은 '아메리카 원주민은 사람을 먹는다'라는 말로 이해된다. 아니면 은유적인 표현으로서 '그들은 타문화를 자신의 것으로 흡수한다'라는 뜻으로 받아들일 수 있다. 안드라지의 「선언」에서처럼, '식인'은 식민지적 접촉에서 일반적으로 발생하는 문화적 전유(appropriation)와 혼종(hybrid)의 비유로서 종종 사용되어왔다. 그렇다면 우리는 이 말을 문자 그대로 이해하거나 은유적으로 받아들일 수 있다. 그런데 카스트루는 이 말을 명백히 문자 그대로 논하고자 한다.

우선 카스트루는 실제로 존재했고 지금까지 모종의 형식으로 재현되는 식인 관습과 이 관습을 행하는 사람들에게 특수한 지위를 부여하지 않는다. 다시 말해 그는 식인을 특정한 사람들의 독특한 관행으로 한정하지 않고, 그 대신 일체의 유기체적 설명이나 비유적 해석을 배제한 타자에 대한 관계적 관념으로서 정식화한다. 16세기 유럽 선교사들이 투피 족의 식인 관습을 생물학적 신진대사로 환원하고 동물적인 야만성으로 설명한 것과 달리, 그는 투피 족의 타자성에 대한 사회학적 일반원리로서 '식인'에 접근한다.

카스트루가 처음부터 '식인주의(cannibalism)'를 자신의 연구 주제로 삼은 것은 아니다. 그가 이 책의 「대담」에서 말한 것과 같이 그 자신을 식인의 세계로 이끈 것은 타자의 관점에서 타자의 목소리로 부르는 아라웨테 족의 노래였다. 투피 족이 복수의 전쟁을 벌이고 포로를 잡아 와 식인의 의례를 행한 것은 아라웨테 족의 노래가 말해주듯이 타자의 관점을 포식하는 사회학적 행위였다. 그렇지만 우리가 '타자의 포식'을 선뜻 이해하지 못하는 것과 마찬가지로, 16세기 유럽의 선교사들 또한 식인의 사회학적 논리를 이해하지 못하고 다만 동물적이고 야만적인 습성으로 간주할 뿐이었다. 그에 따라 원주민들이 기독교의 복음을 받아들였음에도 그러한 습성을 버리지 못하는 모순적인 모습을 '변덕스러움'으로 규정했던 것이다. **'야만인은 변덕스러운 자'**라는 문구는 16세기 유럽 선교사들의 문헌에서 반복적으로 등장한다.

한마디로 '변덕스러움'은 유럽인이 규정한 아메리카 원주민의 특질이자 표상이다. 여기서 카스트루는 '변덕스러움'을 실재와 아무 관련이 없는 공상적 이미지로 치부하지 않는다. 그는 '변덕스러움'이 "아메리카 원주민 사회들에서 그들과 함께 생활하면서 겪게 되는 어떤 것과 분명하게 맞닿아있다"(본문 24쪽)고 말한다. 원주민에 대한 유럽인의 시선이 억측이나 편견에 불과한 것이 아니라 그 나름의 진실을 말해준다면, 그것은 16세기 유럽 선교사들에 대한 것과 아메리카 원주민에 대한 것 둘 다일 것이다. 그래서 카스트루는 이 책을 2부로 나누어 1부에서는 원주민을 '변덕스러운 야만인'으로 표상하는 유럽인의 논리를 다루고, 2부에서는 '변덕스러운 혼'을 본격적으로 분석한다.

앞서 언급했다시피 '신대륙 발견' 이후 16세기 아메리카에서 유럽인들의 최우선 목표는 선교였다. 그들은 원주민들에게 기독교 신앙을 심어주기 위해 모든 노력을 쏟아부었다. 그에 반해 성과는 미미했는데, 그 문제는 원주민들이 다른 신을 섬기며 기독교 신앙에 완강히 반대했기 때문이 아니었다. 만약 그랬다면 그들을 강제로 복속시키면 해결되었을 일이다. 하지만 그들은 기독교 선교에 저항하기는커녕 기독교 복음에 귀 기울이고 진심으로 감화되었다. 문제는 기독교를 받아들이면서도 식인을 비롯한 일부다처와 음주 등의 오래된 '악습'을 버리지 못하는 것이었다. 그래서 선교사들은 원주민들이 "믿는 것도 아니면서 믿는 것을 거부하지 않는다"(본문 58쪽), "믿게

된 후에도 믿음이 없다"(본문 58쪽)고 결론 지으며, 종잡을
수 없는 원주민들의 믿음을 '변덕스러움'이라는 수수께끼로
남겨두었다.

실은 '변덕스러움'이 가리키는 믿음의 양상이 봉인된
수수께끼의 또 다른 질문지일지 몰라도, '변덕스러움'의 논리
자체는 명료하다. 그것은 기독교 신앙을 정반대로 부정한다.
즉 기독교에서 신앙의 부정은 불신앙이다. 믿거나 믿지 않거나
둘 중 하나다. 그런데 원주민들은 기독교의 신은 물론이고
선교사들에게 우상으로 보이는 것도 숭배하지 않았다.
원주민들은 숭배라는 것과 아예 거리가 먼 듯했다. "그들은
믿음 혹은 숭배가 무엇인지 알지 못하기에, 유일신인 하느님을
믿고 숭배하며 그분만을 섬기게 하도록 만드는 복음의 전도를
이해할 수 없다"(본문 61쪽).

선교사들은 처음에는 원주민들이 쉽게 믿어서 낙관했으나
그만큼 쉽게 옛 관습으로 되돌아가서 난처했다. 무엇이든 쉽게
행한다는 것은 반대로 특정한 무엇에 고착되지 않는다는 것,
정확히 말해 신앙의 이름으로 무엇에 복속되지 않는다는 것을
뜻한다. 원주민들은 전지전능한 신에 대한 복종이 없었고,
선교사들은 원주민들의 이러한 삶의 태도를 누구보다 잘 알고
있었다. "야만인이 무엇도 믿지 않는 것은 무엇도 숭배하지
않기 때문이다. 그리고 그들이 무엇도 숭배하지 않는 것은 결국
누구에게도 복종하지 않기 때문이다"(본문 61쪽).

그러나 원주민들은 유럽인들이 가지고 있는 복종과
신앙만을 결여한 것이 아니었다. 단지 그뿐이라면
기독교 신앙을 받아들이게 하는 것이 그토록 어려운

일은 아니었으리라. 복종과 신앙이 있어야 할 자리에
그에 상응하면서 그와 전혀 다른 '일관된' 무엇이 있었고,
선교사들은 그것 역시 잘 알고 있었다. 선교사들이 악습이라고
규정한 전쟁과 복수와 식인은 원주민의 사회생활을
절차적으로 구성했다. 예를 들어 투피남바 족 남자들은
복수심에 불타 전쟁에 나서고, 전쟁 중에 잡아 온 포로를
누이와 결혼시키고, 일정 기간 후에 처남인 포로를 죽여서
이름과 명예를 얻고, 그렇게 축적한 이름과 명예로 여러 아내를
얻었다. 또 아내에게서 많은 자식을 얻고, 많은 자식에게서
많은 사위를 얻고, 많은 사위로부터 혼인 급부로서 더 많은
포로를 얻었으며, 이렇게 더 많이 얻은 포로는 더 많은 명예를
의미했다. 이처럼 순환되는 사회적 삶에서 포로의 죽음은
순환의 결절점이었다.

    유럽인들은 이 악습의 순환을 멈추고자 했지만,
결과적으로 절차를 간략하게 했을 뿐 그 결절점인 복수를
막지는 못했다. 원주민들은 다른 악습들은 손쉽게 그만두어도
전쟁과 복수는 절대 멈추지 않았다. 투피남바 족의 왕은
"적에게 복수하지 않는다는 단 한 가지 조건을 제외하고는
내가 제시한 모든 조건을 기꺼이 받아들이겠다고 했다"(본문
34쪽). 원주민들이 "적어도 한 영역에서 매우 철저하게
일관적이며 또 어떤 것에 대해 '오래 견지할 만한 세심한
감정'을 품고 있었다면, 그것은 복수에 관한 모든 사태와
얽혀있었다"(본문 77쪽). 여기서 주의 깊게 봐야 할 점은
선교사들이 원주민의 변덕스러움을 문제로 삼고 악습을
철폐하고자 했지만, 모든 악습을 같은 비중으로 대하지

않았다는 사실이다. 다른 무엇보다 식인 관습을 혐오했고 상대적으로 복수에 대해서는 관심이 덜했다. 이는 원주민들이 식인을 포기하고 복수는 유지할 수 있었던 이유를 명쾌하게 설명하는 듯하다. 하지만 유럽인의 식인 혐오는 카스트루가 보기에 오히려 부차적인 문제였다.

투피남바 족에게 식인은 복수의 부가 장치였다. 복수의 중요성은 포로의 처형의식에서 절정을 이루는 의례적인 대화에서 가장 극명하게 드러난다. 자긍심 높은 포로는 자신이 처한 곧 죽을 운명에 아랑곳하지 않고, 자기도 과거에 처형 집행자의 가족을 죽인 적이 있다고 연설한다. 그는 처형 집행자가 가족을 위해 자신을 죽이는 것처럼 자신의 가족도 자신을 위해 처형 집행자 가족에게 복수할 것이라고 충고한다. 현재 상황은 과거 상황의 역전이고, 미래는 현재의 역전이다. 이 역전을 만들어내는 것이 바로 복수다. 복수는 시간의 흐름을 만들어낸다. 이러한 시간의 흐름 속에서 지속하는 것은 존재가 아니라 관계, 특히 적과의 관계다.

이것이 투피남바 족, 더 일반적으로는 아메리카 원주민과 유럽인의 가장 큰 차이다. 16세기 유럽인에게 복종의 태도가 있었다면, 아메리카 원주민에게는 그 자리에 적대가 있었다. 유럽인의 적대는 복종의 태도에 완전히 종속된 것이었지만, 원주민의 적대는 복종과 무관했다. 유럽인은 복종하지 않는 이교도들을 적대했다. 이교도들이 기독교의 신에게 복종한다면, 유럽인은 이교도들을 적대할 이유가 없었다. 반면 투피 족에게는 적대가 우선이었다. 그들은 "파리가 그들 눈앞에 지나가기만 해도 보복을 하고 싶을 정도로"(Thevet

1575: 207) 이유 없는 적의를 품었다.

　우리가 간과하지 말아야 할 것은 투피 족의 적대가 적을 온전한 인간으로 바라보는 것까지 포함한다는 점이다. "포로는 그들의 포획자와 함께 춤추고 식사를 하고 술을 마셔야 했고, 때로는 그들과 전쟁에 동행해야"(본문 86~87쪽) 했으며 포획자의 누이를 아내로 얻었다. 역설적으로 온전한 인간만이 적이 될 수 있었다. 적은 온전한 인간이기에 인척이 될 수 있었다. 포획자는 그러한 적을 자신의 집단 성원으로 받아들이고 적을 통해 자신의 집단을 재생산하고 지속하게 한다. 이러한 사회는 그 핵심에 적대를 품는다. 레비스트로스는 이러한 아메리카 원주민 사회의 특징을 '타자에게 열려있음(opening to the Other)'(Lévi-Strauss 1991)으로 적확하게 지적한다.

　결론적으로 식인이란 그러한 적대, 즉 타자에게 열려있음의 상한선이자 최대 형식이다. 아메리카 원주민들은 식인을 통해 타자를 자신의 존재 조건으로 삼고 타자의 관점을 흡수했다. 이처럼 어떤 면에서 식인은 그 형식일 뿐이므로 원주민들은 식인을 언제든 포기할 수 있었다. 식인의 포기는 유럽인의 식민 지배 혹은 개종과 무관했다. 이제 우리는 '아메리카 원주민 문화는 식인적이다'라는 말을 문자 그대로 이해할 수 있다. "식인이 정말로 탁월하게 가변적이고 불안정한 형태라면—나는 이를 '변덕스럽다'고 말해왔는데— 감탄스러울 만큼 변덕스러움으로 일관하는 투피남바 사람들을 이보다 더 잘 표현할 수는 없을 것이다"(본문 140쪽).

4. 닫힌 자기에서 열린 타자에게로

근대 세계에서 '자기'는 세계 인식의 유일한 참조점이었다. 그래서 우리는 자기의 존재를 증명해야 했고, 사고하는 존재 곧 코기토로서 입증된 자기로부터 세계를 인식할 수 있었다. 여기서 타자는 자기가 인식하는 세계의 일부다. 다시 말해 자기의 세계가 자기 인식에 달린 것과 마찬가지로 그 세계 속의 타자는 자기에게 달려있다. 자기의 세계는 타자에게 닫혀있고 타자의 세계는 자기에게 닫혀있다. 이러한 근대의 타자성은 지금 우리가 목격하듯이 지구를 악전고투의 장으로 만들고 있다. 무수한 타자들을 표상하는 자기의 세계에서 그 자기가 누구인가를 두고 세계는 섬멸전을 벌인다. 이래서는 인간뿐만 아니라 비인간 생명체들이 지구의 미래를 구상하기 어렵다는 것을 이제는 많은 사람이 절감하고 있다. 아마도 카스트루가 근대의 닫힌 자기와 그러한 자기에 의해 인식되는 유일무이한 세계를 근본적으로 비판하고 열린 타자성과 그러한 타자에 의해 생성되는 무한한 세계들을 이론화하려는 것은 지구 생명체들이 지구적 삶의 또 다른 가능성을 탐색하지 않으면 안 되는 상황에 직면했기 때문일 것이다.

    아메리카 원주민의 야성적 삶과 사고는 인류학이 19세기 후반 근대학문으로 성립되었을 때부터 주요한 연구 영역이었다. 그러나 인류학의 제국주의적인 맥락에서 서구 밖의 원주민들은 서구중심의 세계에서 인류의 '원시사회'를 표상하거나 인간의 동물적인 야만성을 드러낼 뿐이었다. 아무리 원주민의 삶과 사고가 그들 나름의 문화적 가치를 가지고 있다고 역설한다 해도 서구중심의 단 하나의 세계에서는 주변적 존재로 대상화되고 만다. 20세기 인류학의 원주민 연구가 바로 그랬다. 그래서 카스트루는 아마존 원주민의 사고를 형이상학으로 격상시키고 서구중심의 닫힌 세계를 넘어서야 한다고 말한다. 단 하나의 세계에서 타자들의 공존이란 결국 그 세계를 단 하나로 인식한 자기에게 타자들을 복속시키는 결과로 이어진다. 그렇다면 진정한 공존이란 타자들의 무수한 세계들―자연들―을 그 자체로 놓아두는 것이라고, 카스트루는 아마존 원주민의 형이상학을 빌려 역설한다.

세계를 복수화하는 타자의 존재론―다자연주의와 퍼스펙티브주의―은 『아라웨테 족: 식인의 신들』(1986년)에서 『인디오의 변덕스러운 혼』(1992년)을 거쳐 『식인의 형이상학』(2009년)에 이르기까지 카스트루의 학문 세계를 관통하는 메시지이기도 하다. 그의 말에 따르면 근대인들은 타자와의 공존을 타자에 대한 호혜적 관계를 통해 모색해왔다. 그러나 호혜성이란 타자를 자기의 거울로 삼는 것에 불과하기에 그것을 가지고 타자의 존재를 진정으로 인정하거나 타자와 소통할 수 없었다. 타자의 존재를 인정하는 데 있어서 중요한 것은 타자에 대한 호혜적 태도나 감정을 갖는 것이 아니라 타자를 안다고 말하지 않는 것이다. 타자는 알 수 없는 존재임을 인정할 때에 비로소 타자와의 상호소통과 공존의 해법을 갈구하고 찾아갈 수 있다. 이러한 해법은 아마존 원주민의 사회적 삶에서 적대적 관계라는 사회학적 논리로 형식화된다. 그리하여 호혜성이 닫힌 타자성에 호응한다면,

적대성은 열린 타자성에 호응한다고 말할 수 있다.

'인류학의 역할은 타자의 세계를 설명하는 것이 아니라 우리의 세계를 다원적으로 만드는 것이다'라는 그의 주장처럼, 그는 아마존 원주민의 세계를 서구중심의 단 하나의 세계의 주변부로 밀어내지 않고 또 하나의 세계로서 구축했다. 그의 이러한 학문 활동은 근대의 주변부에 스스로 머물렀던 한국 인류학자들에게 시사하는 바가 적지 않을 것이다.

이 책은 〈존재론의 자루〉의 집단 번역의 결과물이다. 〈존재론의 자루〉는 서울대 인류학과 대학원생들이 주축이 되어 결성한 연구 모임이다. 2019년 10월부터 2020년 12월까지 격주에 한 번씩 거의 거르지 않고 이 책을 강독하고 번역했다. 각자 가능한 언어의 판본을 참조하면서 어느 때는 단어 하나의 번역어 문제를 두고 격론을 벌였고 또 어느 때는 우리말로 번역되었을 때 원 문장의 뜻이 제대로 전달되는지를 두고 씨름했다. 예상보다 큰 노력과 많은 시간이 들었지만, 그만큼 카스트루의 사상이 한국 지식계에 알려지기를 바라는 마음으로 〈존재론의 자루〉 성원 모두는 최선을 다해 번역 작업에 임했다.

한국 학계에서 연구자들의 공동작업은 소위 공공기관 수주 프로젝트의 형식이 아니면 점차 찾아보기 힘들어졌다. 이러한 실정 속에서 〈존재론의 자루〉는 21세기 사상적 전환을 둘러싸고 새로운 인류학에 대한 학문적 열의 히니민으로 이 작업을 마무리할 수 있었다. 또 동료 연구자들의 도움이 있었다. 한국학중앙연구원의 정헌목 교수는 번역원고를 꼼꼼히 읽어주었고 문장의 어색한 부분이나 번역어를 수정해주었다. 서울대 인류학과 대학원 석사과정의 국명표 씨는 문장 하나하나를 원문과 대조하면서 전체적인 맥락과 의미에 어울리는 번역어를 제안해주었고 서울대 사회학과 대학원 박사과정의 윤병훈 씨는 대담을 원문과 대조하여 몇몇 중대한 오역을 잡아주었다. 감사한 마음뿐이다. 마지막으로 인류학에 관심을 갖고 기꺼이 이 책의 번역출판을 맡아준 포도밭출판사 최진규 편집자에게 감사의 마음을 전한다.

2022년 9월
〈존재론의 자루〉

참고문헌

Abbeville, Claude d'. (Sérgio Milliet, trans.) 1975 [1614]. *História da missão dos padres capuchinos na ilha do Maranhão e terras circunvizinhas*. São Paulo: Itatiaia/ Edusp.

Agostinho, Pedro. 1974. *Mitos e outras narrativas kamayurá*. Salvador: Univ. Federal da Bahia.

Albert, Bruce. "Yanomami 'Violence:' Inclusive Fitness or Ethnographer's Representation?" *Current Anthropology*. 30 (5): 637-40.

Albert, Bruce. "Yanomami Warfare: Rejoinder." *Current Anthropology*. 31 (5): 558-63.

Anchieta, José de. 1933. *Cartas, informações, fragmentos históricos e sermões* (1554-1594). Rio de Janeiro: Civilização Brasileira.

Aristotle. (Hugh Treddenick, trans.) 1933/1989 [4th century BC]. *Aristotle in 23 Volumes*, vols. 17-18. Cambridge: Harvard University Press.

Augé, Marc. 1982. *Génie du paganisme*. Paris: Gallimard.

Bourdieu, Pierre. 1972. *Esquisse d'une théorie de la pratique (précédé de trois études d'ethnologie kabyle)*. Geneva: Droz.

Brandão, Ambrósio F. 1977 [1618]. *Diálogo das grandezas do Brasil*. São Paulo: Melhoramentos.

Buarque de Holanda, Sérgio. 1956 [1936]. *Raízes do Brasil*. Rio de Janeiro: José Olympio.

Buarque de Holanda, Sérgio. 1969. *Visão do paraíso : os motivos edênicos no descobrimento e colonização do Brasil*. Rio de Janeiro: Cia. Editora Nacional/ Edusp.

Bucher, Bernadette. 1977. *Le sauvage aux seins pendants*. Paris: Hermann.

Cardim, Fernão 1978 [1583]. "Narrativa epistolar de uma viagem e missão jesuítica." In *Tratados da terra e gente do Brasil*. Rio de Janeiro: Cia. Editora Nacional/ MEC, pp. 171- 223.

Cardim, Fernão.1978 [c.1584]. *Tratados da terra e gente do Brasil*. Rio de Janeiro: Cia. Editora Nacional/ MEC.

Carneiro da Cunha, Manuela and Eduardo Viveiros de Castro. 1985. "Vingança e temporalidade: os Tupinambá." *Journal de la Société des Américanistes*. 71: 191-217.

Chagnon, Napoleon. 1988. "Life Histories, Blood Revenge, and Warfare in a Tribal Population." *Science*. 239: 985-92.

Chagnon, Napoleon. 1990. "Reproductive and Somatic Conflicts of Interest in the Genesis of Violence and Warfare Among Tribesmen." In J. Hass (ed.) *The Anthropology of War*. Cambridge: Cambridge University Press, pp. 77-104.

Clastres, Hélène. 1972. "Les beaux-frères ennemis: à propos du cannibalisme tupinamba." *Nouvelle Revue de Psychanalyse*. 6 (Destins du cannibalisme): 71-82.

Clastres, Hélène. 1975. *La Terre sans Mal: le prophétisme tupi-guarani*. Paris: Seuil.

Clastres, Pierre. 1974. *La société contre l'état*. Paris: Minuit. [Brazilian edition: 1978. *A sociedade contra o estado*. Rio de Janeiro: Francisco Alves.]

Clifford, James. 1988. *The Predicament of Culture: Twentieth-Century*

Ethnography, Literature, and Art. Cambridge: Harvard University Press.

Collier, Jane and Michelle Rosaldo. 1981. "Politics and Gender in Simple Societies." In S. Ortner and H. Whitehead (eds.) *Sexual Meanings: The Cultural Construction of Gender and Sexuality.* Cambridge: Cambridge University Press, pp. 275-329.

Combès, Isabelle and Thierry Saignes. 1991. *Alter Ego: naissance de l'identité chiriguano.* Paris: EHESS.

Combès, Isabelle. 1987. "'Dicen que por ser ligero:' cannibales, guerriers, et prophètes, chez les anciens Tupi-Guarani." *Journal de la Société des Américanistes.* 73: 93-106.

Combès, Isabelle. 1992. *La tragédie cannibale chez les anciens Tupi-Guarani.* Paris: PUF.

DaMatta, Roberto. 1970. "Mito e antimito entre os Timbira." In Claude Lévi-Strauss et al., *Mito e linguagem social.* Rio de Janeiro: Tempo Brasileiro, pp. 77-106.

DaMatta, Roberto. 1973. "Mito e autoridade doméstica." In *Ensaios de antropologia estrutural.* Petrópolis: Vozes, pp. 19-61.

Deleuze, Gilles. 1969. "Michel Tournier et le monde sans autrui." In *Logique du sens.* Paris: Minuit, pp. 350-372.

Évreux, Yves d'. 1985 [1614]. *Voyage au nord du Brésil fait en 1613 et 1614.* Paris: Payot.

Fausto, Carlos. 1992. "Fragmentos de cultura tupinambá: da etnologia como instrumento crítico ao conhecimento etnohistórico." In Manuela Carneiro da Cunha (ed.) *História dos índios no Brasil.* São Paulo: Companhia das Letras/ FAPESP/ SMCSP, pp. 381-96.

Ferguson, R. Brian. 1990. "Blood of the Leviathan: Western Contact and Warfare in Amazonia." American Ethnologist. 17(2): 237-57.

Fernandes, Florestan. 1963 [1949]. Organização social dos Tupinambá. São

Paulo: Pioneira/ Edusp.

Fernandes, Florestan. 1970 [1952]. *A função social da guerra na sociedade tupinambá*. São Paulo: Pioneira/ Edusp.

Freyre, Gilberto. 1954 [1933]. *Casa-grande e senzala (formação da família brasileira sob o regime de economia patriarcal)*. Rio de Janeiro: José Olympio.

Gallois, Dominique. 1988. *O movimento na cosmologia Waiãpi: criação, expansão, e transformação do universo*. Doctoral thesis. São Paulo: FFLCH-USP.

Gandavo, Pero de Magalhães de. 1980 [c.1570]. "Tratado da terra do Brasil." In *Tratado da terra do Brasil/ História da província de Santa Cruz*. São Paulo: Itatiaia/ Edusp, pp. 19-65.

Gandavo, Pero de Magalhães de. 1980 [1576]. "História da província de Santa Cruz." In *Tratado da terra do Brasil/ História da província de Santa Cruz*. São Paulo: Itatiaia/ Edusp, pp. 67- 146.

Geertz, Clifford. 1966. "Religion as a Cultural System." In M. Banton (ed.) *Anthropological Approaches to the Study of Religion*. London: Tavistock, pp. 1-46.

Gow, Peter. 1991a. *Of Mixed Blood: Kinship and History in Peruvian Amazonia*. Oxford: Clarendon.

Gow, Peter. 1991b. *The Event of Myth: The Significance of Oral Narrative in the Symbolic Process Among the Piro*. Unpublished manuscript.

Gow, Peter. 1991c. *The Sun: Vision, Life and Death in a Piro Mythic Narrative*. Unpublished manuscript.

Hugh-Jones, Stephen. 1988. "The Gun and the Bow: Myths of White Men and Indians." *L'Homme*, 106-107: 138-55.

Leite, Serafim. 1938. *História da Companhia de Jesus no Brasil*. Lisboa/ Rio de Janeiro: Livraria Portugália/ Civilização Brasileira, vol. II.

Leite, Serafim (ed.) 1956-8. *Cartas dos primeiros jesuítas no Brasil (1538-1563)*, vols. I-III. São Paulo: Comissão do IV Centenário da Cidade de São Paulo.

Léry, Jean de. 1980 [1578]. *Histoire d'un voyage fait en la terre de Brasil.* Paris: Plasma. [Brazilian version: 1980. *Viagem à terra do Brasil.* Belo Horizonte: Itatiaia.]

Lestringant, Frank. 1982. "Le cannibalisme des 'cannibales' (1. Montaigne et la tradition.)" *Bulletin de la Société des Amis de Montaigne.* 9/10: 27-40.

Lévi-Strauss, Claude. 1964. *Le cru et le cuit.* Paris: Plon.

Lévi-Strauss, Claude. 1984. *Paroles données.* Paris : Plon. [English translation: Roy Willis trans.

1987. *Anthropology and Myth: Lectures 1951-1982.* Oxford: Basil Blackwell.] Lévi-Struass, Claude. 1991. *Histoire de Lynx.* Paris: Plon.

Lizot, Jacques. 1989. "À propos de la guerre: une réponse à Napleon Chagnon." *Journal de la Société des Americanistes.* 75: 91-113.

Menget, Patrick. 1985. "Notes sur l'etnographie jésuite de l'Amazonie portugaise (1653-1759.)" In C. Blanckaert (ed.) *Naissance de l'etnographie.* Paris: Cerf, pp. 175-92.

Métraux, Alfred. (E. Pinto, trans.) 1979 [1928]. *A religião dos Tupinambá e suas relações com a das demais tribos tupi-guaranis.* São Paulo: Cia. Ed. Nacional/ Edusp.

Métraux, Alfred. 1967. "L'anthropologie rituelle des Tupinamba." In *Religions et magies indiennes d'Amérique du Sud.* Paris: Gallimard, pp. 43-78.

Monteiro, Jácome. 1949 [1610]. "Relação da provincia do Brasil, 1610." In Serafim Leite, *História da Companhia de Jesus no Brasil.* Rio de Janeiro: Civilização Brasileira/ Portugália/ INL, vol. VIII, pp. 393-425.

Montoya, Antonio Ruiz de. 1876 [1640]. *Vocabulario y tesoro de la len-*

gua guarani (ó más bien tupí.) Vienna: Faesy y Frick; Paris: Maisonneuve y Cia, parte segunda: Tesoro guaraní (ó tupí)-español.

Nimuendaju, Curt. (C. Emmerich and E. Viveiros de Castro, trans.) 1987 [1914]. *As lendas da criação e destruição do mundo como fundamentos da religião dos Apapocúva-Guarani*. São Paulo: Hucitec/ Edusp.

Pagden, Anthony. 1982. *The Fall of Natural Man: The American Indian and the Origins of Comparitive Ethnology*. Cambridge: Cambridge University Press.

Ramos, Alcida, Peter Silverwood-Cope, and Ana Gita de Oliveira. 1980. "Patrões e clientes: relações intertribais no Alto Rio Negro." In Alcida Ramos. *Hierarquia e simbiose: relações intertribais no Brasil*. São Paulo: Hucitec, pp. 135-82.

Sahlins, Marshall. 1976. *Culture and Practical Reason*. Chicago: University of Chicago Press. Sahlins, Marshall. 1985. *Islands of History*. Chicago: University of Chicago Press.

Saignes, Thierry. 1985. "La guerre contre l'histoire. Les Chiriguano du XVIème et XIXème siècle." *Journal de la Société des Américanistes*. 71: 175-90.

Saignes, Thierry. No date. *Histoire des guerres chiriguano: le choc de deux conquérants*. Unpublished manuscript.

Soares de Souza, Gabriel. 1972 [1587]. *Tratado descritivo do Brasil em 1587*. São Paulo: Cia Editora Naciona/ Edusp.

Staden, Hans. (G. de Carvalho Franco, trans.) 1974 [1557]. *Duas viagens ao Brasil*. São Paulo: Itatiaia/Edusp.

Taylor, Anne-Christine. 1984. "L'americanisme tropical: une frontière fossile de l'etnologie?" In B. Rupp-Eisenriech (ed.) *Histoires de l'antropologie: XVI-XIX siècles*. Paris: Klinksieck, pp. 213-33.

Thevet, André. 1953 [1575]. "Cosmographie Universelle." In Suzanne Lussagnet (ed.) *Les Français en Amérique pendant la deuxième moitié du XVIème siècle: le Brésil et les brésiliens.* Paris : PUF, pp. 1-236.

Thevet, André. (Jean-Claude Laborie and Frank Lestringant, eds.) 2006 [1585-88]. *Histoire d'André Thevet Angoumoisin, cosmographe du roy, de deux voyages par luy faits aux Indes australes, et occidentales.* Geneva: Droz.

Varnhagen, Francisco Adolfo de. 1959 [1854]. *História geral do Brasil antes de sua separação e independência de Portugal.* São Paulo: Melhoramentos, tomo I.

Vasconcelos, Simão de. 1977 [1663]. *Crônica da Companhia de Jesus.* Petrópolis: Vozes/ INL, vols. I-II.

Veyne, Paul. 1983. *Les Grecs ont-ils crus à leurs mythes?* Paris: Seuil.

Vieira, Antônio [ed. Alcir Pécora.]. 2001 [1633-1672]. *Sermões, Tomo 1.* São Paulo: Editora Hedra.

Vieira, Antônio. 1957 [no date for original.] "Relação da missão da Serra de Ibiapaba escrita pelo Padre António Vieira e tirada do seu mesmo original." In Antônio Vieira. *Sermões.* São Paulo: Editora das Américas, vol. 24, pp. 185-252.

Viveiros de Castro, Eduardo. 1986. *Araweté: os deuses canibais.* Rio de Janeiro: Jorge Zahar/ Anpocs.

찾아보기

『16세기의 무신앙 문제』 58
『구조 인류학』 196
『국가에 대항하는 사회』 201
『동방견문록』 217
『무너지는 하늘』 175, 176
『성령말씀』 11, 142
『수상록』 90
『식인의 형이상학』 167, 168, 173, 216, 231
『신화학 1: 날것과 익힌 것』 42, 44, 193
『아라웨테 족: 식인의 신들』 215, 231
『악 없는 땅』 147
『야생의 사고』 164, 183, 184, 196
『역경』 170
『오늘날의 토테미즘』 183
『이교도 개종에 대한 대화』 19, 143
『자연과 문화』 183
『질투 많은 여 도공』 197
『친족의 기본구조』 194

『형이상학』 19

ㄱ

가상적 친연성 201, 202
가우, 피터 49, 149
가이아 209, 210
간다부 104, 143
개종 14, 15, 16, 19, 20, 21, 22, 25, 26, 27, 28, 53, 56, 57, 58, 61, 62, 68, 69, 72, 79, 87, 102, 103, 105, 106, 114, 125, 143, 145, 147, 149, 189, 218, 219, 220, 222, 229
계시종교 58
공리주의 65, 67, 72
공회 153, 183, 184, 185, 219, 220
과도기 79, 138
과라니 족 36, 46, 49, 50, 95, 127, 128, 129, 148, 150
교리교육 103
구술복합체 119

구원론 35
구조주의 129, 167, 172, 173, 185, 190, 194
그랑, 루이스 다 63
그리올, 마르셀 208, 209
그링고 50
기독교성 25
기호식 97

ㄴ
나바호 족 207
노브레가, 마누엘 다 20, 32, 35, 107, 122, 154, 221
누네스, 레오나르두 36
니담, 로드니 190

ㄷ
다노프스키, 데보라 209
다윈보편적 163
다자연주의 155, 215, 216, 231
단명의 기원 42, 44
대학살 98, 111
데미우르고스 40, 42, 43, 44, 190, 191
데스콜라, 필리프 183, 188, 249
데카르트 156
데티엔, 마르셀 166
동물-되기 138
동종요법 112
둘리아 45
뒤르켐, 에밀 26, 66, 159, 168
뒤르켐주의 159, 168

듀링, 엘레아 169
들뢰즈, 질 72, 167, 174, 181, 191, 200, 210
디오니소스 166

ㄹ
라부탱, 다비드 169
라이프니츠 169, 170, 206, 208
라트리아 45
레구아 78
레리, 장 드 63, 64, 143, 145, 218, 219
레비스트로스, 클로드 42, 44, 47, 129, 137, 139, 167, 171, 172, 183, 184, 185, 186, 190, 191, 192, 193, 194, 195, 196, 197, 198, 207, 229, 248
레스트랑강, 프랑크 97, 98
레이치, 세라핑 15, 143, 145
레콩키스타 218
로고스 192
로버츠, 제인 163, 209, 211
로욜라 68, 221
로잘도, 미셸 112
로티, 리처드 96
루프양자중력 160
리조, 자크 111, 127, 148
리치, 에드먼드 190

ㅁ
마니글리에, 파트리스 168, 171, 172, 173, 210
마라냥 43, 125, 145

마이르 40, 41, 43, 45, 146
메이야수, 퀑탱 168, 169, 172, 204, 205
메트로, 알프레드 26
멩 드 사 108
목적인 101, 221
몬테이루, 자코메 86, 117, 119, 149, 152
몽테뉴 90, 91, 97, 98, 178
묵시록 49, 77, 147, 174, 219
문명화 22, 43, 107
문화변용 25
문화접촉 31
문화화 27, 52
민족과학 158
민족성 31
민족의학 158
민족인류학 158
민족형이상학 164

ㅂ
바르바로이 166
바이아 16, 104, 127, 132
바타유, 조르주 100
반인류학 199
반흔문신 83, 151
배중률 58
벤느, 폴 62
변덕스러움 15, 16, 17, 18, 19, 22, 24, 25, 26, 29, 48, 58, 63, 64, 69, 77, 101, 102, 117, 137, 140, 143, 216, 223, 224, 225, 226, 227, 229
변성 139
변환 45, 47, 179, 181, 194, 195, 196, 197, 198, 199
병인론 44
복수 20, 22, 33, 34, 35, 54, 77, 78, 79, 80, 81, 84, 87, 88, 89, 90, 91, 92, 93, 95, 96, 97, 98, 99, 100, 101, 102, 111, 112, 114, 115, 122, 123, 124, 125, 128, 130, 131, 133, 138, 139, 151, 152, 153, 169, 174, 178, 224, 227, 228, 231
불멸화 87
뷔셰, 베르나데트 129
블라스케스, 안토니우 124, 148
비에이라, 안토니우 11, 15, 20, 28, 29, 32, 59, 60, 61, 142, 145, 221
비인간 250, 251
빌레가뇽, 니콜라스 뒤랑 드 38

ㅅ
사고의 식민화 199
사고의 영속적인 탈식민화 205
사고의 탈식민화 155, 211, 216
사교성 139
사람고기 32, 56, 109, 110, 115, 117, 123, 124, 125, 126, 127, 128, 129, 134, 135, 136
사회체 89, 99, 137, 138, 140
살린스, 마셜 65
상관주의 168, 204, 205

상비센치 36, 54, 71, 134
상징주의 164
샤머니즘 80, 128
샤먼 27, 40, 41, 52, 56, 60, 61, 65, 79, 129, 149, 151, 175, 204, 208
섀그넌, 나폴레옹 111
세례 38, 39, 52, 69, 70, 93, 106, 122, 135, 220, 222
세례수 38, 39
세풀베다, 후안 히네스 데 219
소자, 가브리엘 소아르스 드 16, 95, 118, 149
슈타덴, 한스 86, 126, 145, 149, 152, 218
스트래선, 메릴린 163, 215, 249
스피노자 89, 169
식인의 존재론 173
식인 인류학 90
식인종 선언 28, 223
식인주의 72, 87, 97, 127, 128, 138, 139, 141, 177, 179, 185, 223, 224
식인풍습 35, 90, 127, 129, 131, 132, 135, 147, 150, 154
식인 혐오 126, 228
신부봉사 112
신탁 80
신화학 42, 128, 162, 193, 194, 196

ㅇ
아라웨테 족 59, 60, 140, 141, 177, 179, 180, 215, 224, 231

아리스토텔레스 19, 101, 166
아메리카 원주민 15, 16, 18, 19, 24, 29, 30, 41, 42, 46, 59, 62, 109, 110, 114, 138, 139, 155, 163, 167, 173, 187, 188, 202, 204, 205, 206, 207, 215, 216, 222, 223, 225, 228, 229, 230
아브레우, 카피스트라누 지 16
아브빌, 클로드 43, 125, 143, 145, 153
아스피쿠엘타 124
아파치 족 207
악습 20, 21, 26, 28, 33, 56, 70, 79, 114, 131, 225, 227
악 없는 땅 27, 40, 50, 55, 80, 147, 222
안드라지, 오스바우지 지 28, 223
안시에타, 호세 데 21, 37, 38, 40, 49, 53, 64, 95, 111, 112, 114, 123, 125, 135, 146, 147, 148, 150, 154, 221
알데이아스 222
애니미즘 183, 185, 186, 188, 201
야노마미 족 111, 175, 176
야생의 산술 72
에른스트, 막스 192
엑스트라 모던 155
예수회 11, 13, 15, 20, 21, 22, 23, 24, 25, 26, 27, 28, 29, 35, 36, 38, 40, 48, 50, 55, 56, 57, 60, 63, 64, 68, 69, 71, 86, 102, 103, 105, 107, 108, 116, 123, 125, 128, 131, 134,

136, 138, 143, 144, 145, 147, 148, 150, 151, 153, 221, 222
오고템멜리 208, 209, 210
오라클 80
올란다, 세르지우 부아르키 지 18
와그너, 로이 158, 160, 202, 204
외래문화 72
우주론 22, 27, 29, 45, 49, 59, 60, 63, 68, 72, 85, 138, 147, 155, 156, 163, 168, 179, 186, 200, 215
우주지 34
육화 27
은매화 12, 13, 14, 20, 30, 32, 59, 68
이교도 13, 14, 15, 19, 20, 21, 36, 52, 56, 58, 61, 66, 68, 69, 70, 86, 103, 106, 107, 114, 115, 118, 125, 130, 133, 143, 148, 149, 153, 218, 220, 228
이데올로기 23, 24, 48, 50, 70, 111, 112, 129, 164, 185, 249
이베로아메리카 11
이베로아메리카 바로크 11
이분법 31, 192, 193
이질조형적 72
이페로이그 53, 123, 154
이항 논리 193
이형태적 72
인간과학 156, 157, 173
인디오 11, 13, 14, 15, 17, 18, 19, 20, 21, 22, 23, 24, 26, 27, 30, 39, 40, 42, 43, 44, 45, 46, 47, 48, 49, 53, 55, 58, 65, 70, 73, 77, 88, 102, 103, 105, 106, 108, 109, 110, 111, 122, 123, 125, 127, 132, 133, 136, 143, 144, 145, 146, 147, 148, 149, 150, 153, 216, 217, 231
인류세 209, 210
인본주의 113
인식론화 156
인육식 90
일부다처 20, 79, 83, 112, 151, 225
입사식 83, 112

ㅈ

자민족중심주의 26
자연과학 157
적개심 105
적-되기 138
전쟁 20, 22, 33, 35, 39, 40, 48, 53, 54, 67, 75, 77, 78, 79, 80, 81, 82, 85, 87, 88, 99, 100, 102, 103, 104, 105, 106, 107, 108, 109, 110, 111, 112, 113, 114, 115, 116, 118, 120, 122, 125, 127, 128, 129, 132, 147, 148, 149, 150, 151, 152, 178, 180, 217, 218, 224, 227, 229, 248
전쟁 복합체 81, 114
정전 107
제3계급 25, 26, 144
족외식인 67, 87, 89
존재론 46, 51, 68, 101, 139, 155, 156, 157, 158, 159, 160, 161, 162, 165,

167, 169, 172, 173, 174, 175, 183, 187, 190, 194, 199, 200, 201, 202, 216, 231, 232, 233, 248, 252
존재론적 분배 175
존재론적 사변 169
존재론적 전회 156, 165, 172, 216, 248
종말론 35, 39, 48, 50, 77, 85, 128, 138, 174, 179, 219, 220
주술사 34, 37, 38, 49, 52, 56, 57, 58, 107, 146
줄리앙, 프랑수아 207
지라르, 르네 99

ㅊ
초경 의례 81
친연성 47, 48, 59, 201, 202

ㅋ
카니발 130
카라이바 34, 39, 40, 41, 43, 45, 49, 51, 52, 53, 55, 56, 57, 59, 64, 65, 79, 80, 128, 146, 147, 148, 149, 150, 151
카르다노, 지롤라모 98
카에테스 107
카우이나젠스 114
카우잉 81, 114, 117, 119
카피바라 80, 81
칸트 45, 65, 156, 157, 161, 167, 168, 169, 208, 209, 216

칼로스 타나토스 84
코나투스 89
코뮤니타스 79
코스타, 두아르테 다 25, 26, 108, 132, 144
코페나와, 다비 175, 176, 210
코헤이아, 페루 36, 120, 148, 150
콜리어, 제인 112
콩그레가시온 220, 221
쿠냥베비 126, 138, 154
쿠유스 레키오 62
클라스트르, 엘렌 46, 50, 53, 65, 95, 147, 148, 151
클라스트르, 피에르 66, 100, 200

ㅌ
타모이우 족 37, 53, 123
타자-되기 130
타자성 46, 47, 48, 67, 73, 140, 182, 223, 224, 230, 232
탈헬레니즘 210
테베, 앙드레 33, 35, 38, 41, 43, 44, 48, 80, 88, 122, 146, 147, 151, 218
토마스주의 22
토착 문화 28, 71
토착 부족 71
토착 전쟁 108, 109, 110
토착 종교 48, 222
토테미즘 183, 184, 185
톰프슨, 다시 195, 196

통과의례 81, 83
투피과라니 족 46, 49, 128, 129, 150
투피남바어 43, 59, 177
투피남바 족 15, 25, 26, 27, 34, 40, 43, 44, 59, 60, 72, 77, 86, 87, 90, 91, 97, 100, 102, 107, 109, 110, 111, 112, 113, 114, 119, 122, 127, 129, 136, 137, 139, 142, 144, 146, 152, 154, 177, 178, 182, 227, 228
투피니킨 족 102, 127
투피 족 42, 49, 50, 53, 103, 127, 141, 150, 177, 181, 224, 228, 229
트라키아인 166
트릭스타 190
티비리사 102

ㅍ

파른하겐, 프란시스쿠 아돌푸 지 17
과제 39, 59, 63, 80, 131, 146, 162, 183
퍼거슨, 브라이언 109
퍼스펙티브 155, 156, 177, 180, 181, 182, 183, 190, 199, 200, 201, 203, 215, 216, 231
퍼스펙티브주의 155, 156, 177, 180, 181, 182, 183, 190, 199, 200, 201, 215, 216, 231
페르난지스, 플로레스탕 99, 153
페르남부쿠 52, 58
페브르, 뤼시앵 58
페소아, 페르난두 13

페헤이라, 알렉산드르 호드리게스 16
포식의 하한선 67
프레이리, 질베르투 17, 142
프리지아인 166
피라치닝가 21, 102, 104, 120, 124, 134
핀다부수 33, 34, 35, 48, 77, 122, 152

ㅎ

하계언어학연구소 49
현상학 159, 161, 162, 191
형식 27, 50, 65, 66, 67, 69, 99, 122, 130, 131, 158, 159, 160, 164, 173, 180, 195, 197, 198, 208, 224, 229, 231, 232
형이상학 19, 35, 155, 156, 161, 162, 163, 164, 165, 166, 167, 168, 169, 170, 171, 172, 173, 174, 175, 176, 177, 179, 181, 182, 183, 188, 193, 199, 204, 206, 207, 210, 216, 231
호드리게스, 비센치 16, 57, 151, 154
호피 족 207
혼인 동맹 47
횡단적 47, 163
후기-칸트주의 156, 167
휴존스, 스테판 44
흄, 데이비드 144, 156, 205
희생제의 93, 99

〈존재론의 자루〉 소개

이 책을 집단 번역한 〈존재론의 자루〉는 서울대 인류학과 석박사 대학원생들로 구성된 '존재론적 전회' 공부 모임이다. 2019년 1월에 시작하여 현재까지 '존재론적 전회'의 주요 저작들을 강독해왔으며 최근에는 레비스트로스의 저서들을 함께 읽고 그것의 인류학적 사상을 상술하는 작업을 진행하고 있다.

옮긴이 이하 가나다순

권혜윤
서울대학교 인류학과 석사 졸업. 석사논문은 「지리산국립공원과 마을 주민의 자연 보호 관념과 실천」이다. 한국 내에서 이루어지는 인간과 비인간의 관계맺음에 관심을 갖고 있다.

김성인
서울대학교 인류학과 박사과정 수료. 논문으로는 「필연적 만남, 방법 없는 이별: 한국전쟁 피난민의 '비공식적' 이산가족 상봉 이야기 내 만남과 이별의 재현」 등이 있다. 현재 한국 내 시각장애를 가진 아동의 초기 사회화에 관한 박사 학위 논문을 작성 중이다.

김지혜
서울대학교 환경대학원 박사과정 수료. 논문으로는 「한국의 양식 산업 속 적조와 인간의 관계: 작은 것들의 카리스마, 적조」, 「줄줄이 매달아 굴 기르기」(공저)가 있으며, 『한편 4호 동물』에 「플라스틱 바다라는 자연」을 기고했다. 해양쓰레기에 대항하는 해양 보전과 해양 공간의 재발명에 관한 학위 논문을 작성하여 졸업을 앞두고 있다.

이경빈

서울대 인류학과 대학원 석사 졸업. 석사논문은 「실향민 공동체의 시간과 위기: 이북5도청과 도민조직에 대한 인류학적 연구」이다. 기지촌 여성의 구술을 다룬 『영미 지니 윤선: 양공주, 민족의 딸, 국가 폭력 피해자를 넘어서』를 공동 저술했다. 탈식민과 냉전, 이데올로기와 상상에 관심을 갖고 있다.

손성규

서울대학교 인류학과 박사과정 수료. 논문으로는 「The Nurturing of a Communal Self in an Elementary School Home Class」가 있으며, 『다시개벽』(2021년 여름호)에 「불확실성의 시대를 조망하는 인류학적 사고: 가상의 힘을 마주한 상징계, 그리고 상징 너머의 인류학」을 기고했다. 현재 고등학교에서 한국 교육열의 지속과 변화에 관한 현지조사를 진행하고 있다.

차은정

서울대학교 인류학과 대학원 박사 졸업. 논문으로는 「인류학에서의 탈서구중심주의: 데스콜라의 코스몰로지와 스트래선의 탈전체론을 중심으로」 등이 있고, 저서로 『식민지의 기억과 타자의 정치학: 식민지조선에서 태어난 일본인들의 탈향, 망향, 귀향의 서사』가 있으며 번역서로 『숲은 생각한다』, 『부분적인 연결들』, 『부흥문화론』(공역) 등이 있다.

최경선

서울대학교 인류학과 석사과정 수료. 간호사들의 '태움' 관행과 그 관계의 억압적 구조에 관심을 갖고 있다.

W 《월딩 시리즈》 발간에 부쳐

인식에서 존재로, 존재에서 실행으로

월딩(worlding)은 있기(being)에서 하기(doing)로 삶의 문제의식을 전환한다. 근대 인문학은 세계를 인간의 인지적 대상에서 그 속에 던져진 관점의 문제로서 심층화하였고, 포스트 인문학은 세계를 근대적 인간의 일원적 관점에서 비근대적 비인간의 다차원적 관점으로 복수화하였다. 무한히 증식되는 관점은 세계란 인간에게만 주어진 물적 대상이 아니라 인간들, 인간과 비인간, 생명과 그 환경 사이의 관계에서 생성하는 것임을 일깨워주었다. 이제 세계는 명사형의 월드에 머물지 않으며 동사형의 월딩으로서 지구상의 모든 것들이 동등하게 관여하는 테라폴리스로 나아간다.

다양한 인간집단을 관찰 기록하고 비교 분석해온 20세기 인류학은 지구생태계의 위기로부터 비롯된 인간적 삶의 근본적인 전환을 목격하고 21세기에 이르러 지구생명체 간의 공생 속에서 인류의 미래를 모색하는 새로운 이론과 방법론을 제시하고자 한다. 인류학의 이 현대적 양상은 이제까지

인간중심의 근대세계를 구획한 정신과 물질, 마음과 신체,
자연과 문화, 인간과 비인간의 경계를 넘나드는 철학, 예술,
실천 활동과 공명하면서 새로운 학문의 장을 열어간다.
　　미래 지구를 위한 지식은 인간의 세계인식을 총체적으로
기술하고 해석하는 데에 있지 않고 지구상의 다양한 존재들이
소통하고 관계하며 실천하는 존재의 방식을 개발하는
데에 있다.《윌딩 시리즈》는 포스트 인문학을 이끄는 현대
인류학의 이론 및 방법론과 이를 대표하는 인류학자의 사상을
소개함으로써, 우리 지식계의 지적 공백을 메울 뿐만 아니라
새로운 지식과 실천을 갈망하는 사람들에게 지적 자극을
선사하고자 한다.

인디오의 변덕스러운 혼
16세기 브라질에서 가톨릭과 식인의 만남

에두아르두 비베이루스 지 카스트루 지음
존재론의 자루 옮김

초판 1쇄 발행 2022년 10월 12일
　 2쇄 발행 2025년 8월 19일

펴낸곳 포도밭출판사
펴낸이 최진규
등록 2014년 1월 15일 제2014-000001호
주소 충청북도 옥천군 옥천읍 성신로 16, 필성주택 202호
전화 070-7590-6708
팩스 0303-3445-5184
전자우편 podobatpub@gmail.com

ISBN 979-11-88501-28-1 93380

이 책은 저작권법에 따라 보호받는 저작물이므로
무단 전재와 복제를 금합니다.

책값은 뒤표지에 있습니다. 잘못된 책은 바꾸어 드립니다.